Horst Jesse

Dr. Martin Luthers 95 Thesen

Horst Jesse

Dr. Martin Luthers 95 Thesen

WARTBURG VERLAG
2012

Bibliografische Information der Deutschen Nationalbibliothek
Die Deutsche Nationalbibliothek verzeichnet diese Publikation
in der Deutschen Nationalbiliografie;
detallierte bibliografische Angaben sind im Internet über
http://dnb.ddb.de abrufbar.

ISBN 978-3-86160-249-1

1. Auflage

Gestaltung: Katharina Hertel
Titelgestaltung unter Verwendung einer Fotografie von
Harald Wenzel-Orf: Thesentür der Wittenberger Schlosskirche
Gesamtherstellung: Hahndruck Kranichfeld

Inhalt

Einleitung

Zum 500. Jahrestag des Thesenanschlags Dr. Martin Luthers (1483–1546) an der Schlosskirche zu Wittenberg vor dem Allerheiligenfesttag am 31. Oktober 1517 sind die 95 Thesen wieder in Erinnerung zu rufen. (1) Neben dem Gedenken an das historische Ereignis mit seinen weitreichenden theologischen, kirchengeschichtlichen und gesellschaftlichen Folgen ist vor allem wichtig, den Anlass der Thesen und ihren Aussageinhalt zu vergegenwärtigen. Sie sprechen vom wahren Verständnis der Buße. Mit diesen Thesen hat Luther die Kirche zu erneuern versucht und den Glauben des Einzelnen auf Gott ausgerichtet.

Das Wort „Buße" begegnet uns im Alltag und im öffentlichen Leben in Worten wie Bußgeldzahlung, Buße tun, büßen und verbüßen. Die inhaltliche Bedeutung des Wortes ist weiterhin geblieben. „sich ändern", „umkehren" und vor allem „wiedergutmachen". Durch Recht und Gesetz wird Buße öffentlich praktiziert. Der Übertreter einer Richtlinie, eines Ordnungsgebotes, einer Straßenverkehrsordnung hat die verhängte Gesetzesstrafe beispielsweise mit einer Geldzahlung zu begleichen. Buße wird als Wiedergutmachungsleistung für die Übertretung eines Gesetzes oder einer Verordnung verstanden.

Es gilt zu fragen: Worauf legt das kirchliche Bußverständnis seinen Schwerpunkt und seine Absicht?

„Buße" ist eine Grundhaltung des christlichen Glaubens. Bereits Johannes der Täufer leitet seine prophetische Rede mit den Worten ein: „Tut Buße, das Himmelreich ist nahe herbeigekommen" (Matthäus 3,2). In einer modernen Übersetzung heißt dieser Satz aus Luthers Bibelübersetzung: „Ändert euer Leben! Gott will jetzt seine Herrschaft aufrichten und sein Werk vollenden." Selbst Jesus beginnt seine Predigten und Werke mit dem Aufruf: „Die Zeit ist erfüllt, und das Reich Gottes ist herbeigekommen. Tut Buße und glaubt an das Evangelium!" (Markus 1,15) Johannes der Täufer und Jesus appellieren an die Menschen, sich innerlich und äußerlich im Verhalten zu Gott und den Mitmenschen zu ändern, um das Neue, das Gott mit seiner Botschaft mit den Menschen beginnen will, zu empfangen und zu begreifen. In dieser Aufforderung steht der Glaubende. Das Alte muss bewältigt und beseitigt werden, um auf das Neue hören und nach ihm leben zu können.

Luthers theologisches Bibelstudium führte zum Überdenken des Bußwesens der römischen Kirche und ihrer Änderung der Beichte. Dies hatte auch weitreichende Folgen für ein neues Glaubens- und Menschenverständnis und für das gesellschaftliche Zusammenleben. Theologische Aussagen sind von eminenter praktischer Bedeutung und haben anthropologische und soziale Konsequenzen.

Dr. Martin Luther, seit 1508 Professor für biblische Theologie an der Universität Wittenberg, setzte sich für seine Zeit, seine Kirche und seine Gläubigen mit den Bußrufen von Johannes dem Täufer und Jesus auseinander, um ihnen aufgrund seiner biblischen Erkenntnis die Barmherzigkeit Gottes in einer angsterfüllten und apokalyptischen Zeit zu verkündigen. Als Theologe legte er seinen Theologiestudenten die Schriften der Bibel aus: das 1. Buch Mose, die Psalmen, den Galaterbrief, den Römerbrief. Bei dieser Lehrtätigkeit und als Seelsorger bemerkte er den kirchlichen Irrtum seiner Zeit, mit guten Werken sich den Himmel erkaufen zu wollen, und sah das verruchte kirchlich-päpstliche Ablasstreiben des Dominikanermönchs Johann Tetzel. Der bot mit seinen Ablasspredigten den Gläubigen an, sich durch Geld von ihrer Sündenschuld und ihren Wiedergutmachungsleistungen loszukaufen und sich von ihnen zu befreien. Diese Kirchenpraxis stand zur Botschaft des Evangeliums im krassen Widerspruch. Aufgrund seines inneren Bekehrungserlebnisses und seiner theologischen Auseinandersetzung mit der Bibel wagte Luther durch den Thesenanschlag in der größten Wallfahrtsstadt Norddeutschlands, der Schlosskirche zu Wittenberg mit ihrem „Heiltum" in der Allerheiligenkapelle, das kirchliche Bußwesen als „innere Buße" neu zu bestimmen. Melanchthon beschreibt den Vorgang in seiner „Historia Lutheri" 1546: „Weil Luther über seine (Tetzels) gottlosen und frevelhaften Predigten aufgebracht war, veröffentlichte er in seinem leidenschaftlichen Streben nach Frömmigkeit die Thesen über die Ablässe ... Er schlug sie am Vortag von Allerheiligen 1517 (31. Oktober) öffentlich an der Kirche an, die an das Schloss von Wittenberg grenzt." Auf diese Weise wollte er den christlichen Glauben in der Kirche erneuern. Luther fühlte sich innerlich berufen und war dazu in der Lage, weil ein Großteil seiner gelehrten Zeitgenossen, zu denen auch sein Landesvater Kurfürst der Weise von Sachsen zählte, seine theologisch-kirchliche Haltung unterstützten.

1. Buße und ihre kirchliche Praxis

Verständlich wird dem Außenstehenden das kirchliche Bußwesen durch das Bild des straffälligen Menschen vor dem Richter im Gericht als Analogie des Menschen vor seinem himmlischen Schöpfer Gott. Der Mensch als unvollkommenes Wesen begeht in seiner Freiheitsvorstellung bewusst oder leichtsinnigerweise manche böse Tat und Gesetzesübertretung. Der Richter stellt durch die Verurteilung des Angeklagten den gestörten Rechtsfrieden wieder her und bestimmt durch das Strafmaß die Wiedergutmachung der bösen Tat. Dieses Bild des straffälligen Menschen vor dem Richter lässt sich auch in der Bibel, so 1. Moses 4: Brudermord sowie Matthäus 12,36, und das der Wiedergutmachung in Lukas 19,8 und im kirchlichen Beicht- und Bußwesen finden. Mittelalterliche Bilder zeigen Gott als Richter mit dem Schwert und Jesus nach Matthäus 25,31 ff. als Weltenrichter. Der unrecht handelnde Mensch hat seine böse Tat zu bereuen und durch die Wiedergutmachung zu zeigen, dass er sich geändert hat. Die neue innere Gesinnung zeigt sich in einer neuen und verbesserten Handlungsweise.

Luther erlebte als Pfarrer und Seelsorger in Wittenberg das durch Geldgeschäfte verkommene Ablasswesen und folglich auch die zerrüttete Beicht- und Bußpraxis der mittelalterlichen römischen Kirche in ihren verheerenden Auswirkungen. Als Professor der Theologie sah er den Unterschied zwischen der biblischen Bußanordnung und der kirchlichen Praxis. Die unklaren theologischen Begriffe der römischen Kirche und ihres Kirchenrechtes eröffneten dem in seiner Gewissensnot beichtenden Menschen nicht mehr durch die priesterliche Absolution die Heilsgewissheit des barmherzigen Gottes, sondern führten durch das Ablasskaufen zur Zerrüttung seiner geistlichen Person wie auch des zwischenmenschlichen und gesellschaftlichen Lebens.

Beichte und Buße verhandeln das durch die willentliche böse Tat des Menschen gestörte Verhältnis gegenüber Gott, sich selbst und den Mitmenschen. (1) Das böse Tun in der Beziehung zwischen Gott, Mensch und Mitmenschen wird als Sünde bezeichnet. Das griechische Wort für Sünde „amartia“ verdeutlicht in seiner Aufteilung „a“ (= gegen) und „martyria“ (= eine Zeugenaussage), was

Sünde ist. Sie bezeichnet den Zustand einer freien, existenziellen, radikalen Entscheidung des Menschen gegen den in der Ordnung der Natur und im Wort des Evangeliums offenbarten Willen Gottes zu den Grundstrukturen seiner Schöpfung und den Mitmenschen. Sünde ist somit eine bewusste Selbstentfremdung des Menschen aus seiner Glaubens-, Lebens- und Gemeinschaftsordnung. Er versagt sich willentlich in seiner Freiheit einem verantwortlichen Leben vor Gott und seinen Mitmenschen und fällt dadurch aus der gemeinschaftlichen Werteordnung. Das gestörte Verhältnis des Menschen zu Gott, zu sich selbst und seinen Mitmenschen belastet ihn. Er sucht Befreiung von dieser Belastung.

Die Sünde ist nach biblischem Verständnis ein Bruch des Glaubens- und Vertrauensverhältnisses des Menschen zu Gott. Dieses menschliche Verhalten wird als willentlicher Unglaube gegenüber Gott und seinen Geboten angesehen. Der Mensch folgt nun nicht mehr Gottes Willen und Geboten im Glaubensgehorsam, sondern seiner Selbstsucht (= Egoismus) und seinem Selbstruhm. Das gestörte Glaubensverhältnis zu Gott führt zu gestörten zwischenmenschlichen Beziehungen in der Gemeinschaft. Dadurch macht sich der Mensch schuldig vor Gott und seinen Mitmenschen, so Lukas 15,21 ff.

Die Schuld erkennt der denkende Mensch durch die Reflexion über sich, seine Taten und seine zerstörten Beziehungen. Das in der Reflexion wie auch im Gewissen an ihn gerichtete Wort „Was hast du getan?“, beziehungsweise „Warum hast du dies getan?“, trifft ihn und verunsichert sein Wesen. Verdeutlicht wird dies in der Geschichte des Brudermords von Kain an Abel, 1. Moses 4, in der an ihn gestellten Gottes-Frage 1. Moses 4,10 wie auch im Ruf nach Wiedergutmachung 1. Moses 4,10: „Hörst du nicht, wie das Blut deines Bruders von der Erde zu mir schreit und Vergeltung fordert?" In diesem Erkenntnisvorgang, der ein rationaler geistiger Prozess ist und als Gewissen bezeichnet wird, wirkt nach biblischem Verständnis bereits Gott im Menschen. Der Mensch sieht sich durch seine Selbstreflexion angeklagt. Er kann dies in seinem Denken erleben, weil er zu seinem Handeln in Distanz treten kann. Die Erlösung aus den Gewissensqualen und die Umkehr schafft der Mensch nicht durch sich, sondern er bedarf der Hilfe der Menschen und Gottes, sodass ein neuer Geist in ihn einziehen kann.

In seinem Brief an die evangelische Gemeinde zu Frankfurt/M. 1533 schreibt Dr. Martin Luther: „Beichten heißt bekennen, wie auch im Gericht das Wort noch in Übung ist ... Insofern die Beichte Bekenntnis und zwar Sündenbekenntnis ist, kann man allerdings auch von Beichte vor Gott allein und von Bruder- oder Laienbeichte reden. Für die Beichte als kirchliche Handlung ist aber wesentlich, dass sie vor dem Träger des kirchlichen Amts abgelegt wird. Veranlasst wird die Beichte durch eigenen Entschluss ... Der Zweck der Beichte ist die Erlangung der Absolution ..." (2)

Zur Umkehr aus der Sünde gehört der Sinneswandel (= Metanoia). Luther hat den Bußbegriff aufgrund seiner Erfahrungen während seines Bibelstudiums in der Klosterzeit neu gefasst: „metanoia" id est transmentamini, id est mentem et sensum alium induite. (3) Für ihn erfährt im Glauben der beichtende Mensch die zugeteilte Gerechtigkeit und die Barmherzigkeit Gottes. Gerade die sieben alttestamentlichen Bußpsalmen, vor allem Psalm 51, die Bußpredigt Johannes des Täufers, Lukas 3, wie auch Jesu Bußrufe, Lukas 15,7 und 24,47, und auch die Erkenntnisse aus dem Studium des Römerbriefes haben Luther darauf aufmerksam gemacht, dass allein der Glaube den Beichtenden durch die zugeteilte, geschenkte Gottesgerechtigkeit von seiner Sündenlast befreit.

Nach biblischem Verständnis hat die Buße drei Anliegen: Reue, Benennung der Sünden und Wiedergutmachung. Jesus befahl seinen Jüngern, das Evangelium, die Buße und die Vergebung der Sünden zu verkündigen, so Lukas 24,46 ff. Im Sinne von Lukas 19,8 kann der Mensch die im Alltagsleben durch die Sünde gestörte zwischenmenschliche Beziehung und damit hervorgerufene Schuld durch Wiedergutmachung beheben. In Buße und Beichte geht es um die Wiederherstellung des Gottesfriedens wie auch des Menschenfriedens.

In der Beichte fragt der Pfarrer den Beichtenden nach seinem Glauben, nach seinen Sünden, „confessio oris", nach seiner Bereitschaft zu vergeben, nach seiner Reue, „contritio cordis", und erteilt ihm die Absolution in der Form des Gebets. Der Gnadenzuspruch Gottes wird durch den Pfarrer dem beichtenden Menschen mitgeteilt und gilt als Lossprechung von den Sünden, Heilung des gestörten Gottesverhältnisses und Befreiung aus der Gewissensnot. Die Absolution war mit der Verpflichtung zu Bußleistungen verbunden.

In Bußbüchern des 7. bis 9. Jahrhunderts, vor allem in England, wurden die Dauer und das Maß der Bußleistungen nicht nur als Wiedergutmachung, „satisfactio operis", sondern auch als Erziehungsmaßnahme festgesetzt.

Die mittelalterliche römische Kirche hielt sich zunächst an die biblische Praxis der Buße und der Wiedergutmachung. Dem bereuenden und bekennenden Sünder wird durch den Priester die Absolution als rechtskräftiger Zuspruch der Vergebung seiner Sünden von Gott nach Matthäus 16,18 ff. zugesprochen. In der mittelalterlichen Beichtpraxis wurden die einzelnen Sünden, angefangen von den schweren bis zu den kleinen, sogenannten lässlichen Sünden, bekannt. Dies war notwendig, um je nach Sündenschwere die Wiedergutmachung mit den Beichtenden zu bestimmen. Die Beichte hatte somit einen seelsorgerlichen und einen pädagogisch-ethischen Zweck. Die Wiedergutmachung ist die subjektive Buße für die begangenen Sünden, bei der die Kirche als Vermittlerin fungiert. Die subjektive Buße beinhaltet die Tilgung der von der Kirche verhängten zeitlichen Bußleistungen (= Wiedergutmachung). Darin sah der Glaubende die Erlösung aus seinen Gewissensqualen.

Im Laufe der Kirchengeschichte entwickelte sich eine Spannung zwischen dem Zuspruch der Vergebung durch den Priester und den noch nicht abgetragenen Folgen der Sündentat. Die zeitlichen Kirchenstrafen bestanden in zeitweiligem Ausschluss vom Gottesdienstbesuch und von Gemeindeaktivitäten und wurden dann erweitert. Sie sollten der Genugtuung dienen und wurden durch die Absolution nicht aufgehoben, sondern erst durch die Wiedergutmachungen als Zeichen der Besserung. Die Kirche legte Nachdruck auf die Trennung der vom Priester zugesprochenen Vergebung der Sünden durch Gott einerseits und andererseits der Verpflichtung zur Wiedergutmachung als Folge der Sündentaten – einer Schuld gegenüber Gott und den Mitmenschen. Diese lastete weiter auf der Lebenszeit und wurde nicht vergeben. Dieses Problem hat die römische Kirche rechtlich gelöst; indem sie erklärte, sie sei im Besitz des Heils und des Schatzes der guten Werke Christi und der Heiligen, mit denen sie die zeitlichen Sünden- und Kirchenstrafen verrechnen könne. Diese Vorstellung drückt aus, dass der Weg zum Heil des Einzelnen nie nur eine persönliche Einzelleistung sein kann, sondern sich im Schoß der Gemeinschaft der Kirche, des Volkes Gottes, vollzieht, in dem einer für den anderen einsteht. Die Kirche als Heilsanstalt bestimmte das Maß der zeitlichen Strafen wie Gebet, Fasten, Leistung von guten Werken, Stiftungen, Almosengeben, Wallfahrten usw. In diesem Zusammenhang entwickelte sich das Ablasswesen als Unterstützung der subjektiven Bußleistungen. Als das Ablasswesen dominant wurde, veränderte es das Beicht- und Bußwesen der Kirche. Die römische Kirche wurde von den Gläubigen als ein Kaufladen angesehen. Dies belegen die vielen erhaltenen Holzschnitte aus Luthers Zeit.

2. Ablass

Die Kirche hatte fast 1000 Jahre ohne Ablässe bestanden. Im 11. Jahrhundert verstärkte sich die Macht der Bischöfe, als diese eine teilweise Ermäßigung (= Ablass) der kirchlichen Bußleistungen erlaubten. Sie war von größerer Bedeutung für die Beichtenden, je schwerer die auferlegten Bußstrafen, besonders der öffentlichen Buße, ausfielen. Die Möglichkeit, über das Maß der Bußleistungen zu verhandeln, wurde im Laufe der Zeit von den Priestern als eine Erwerbsquelle missbraucht und von den Kirchenlehrern, so von Abälard 1140, bereits frühzeitig kritisiert. Mit dem unaufhaltbaren Aufkommen des Ablasswesens als Hilfsmittel der Kirche für den immer wieder sündigenden Menschen auf seinem „Pilgerweg" des Lebens vollzog sich auch ein Umschwung in der Lehre von der Buße. Papst Urban II. erließ sogar einen Kreuzzugsablass. Die Kirche begann, durch ihre Bußermäßigung in die subjektive Bußleistung des Einzelnen einzugreifen, und versuchte dies zunächst durch objektive Bestimmungen, wie Fürbittgebete und durch den Schatz der Kirche, und dann durch Geldzahlungen zu regeln. Die Kirche als Heilsanstalt betonte, dass sie solche Gebete immer vor Gott zur Erhörung bringen und die Gelder für Kirchenbau und Almosen verwenden könne. Damit war noch kein Ersatz für die persönlichen Bußleistungen geschaffen worden.

Auf dem II. Laterankonzil 1215 wurde die Buße zu einem Sakrament erklärt, dessen einzelne Stücke nach Wesen und Wirkung auf das Genaueste und zum Teil in neuer Weise umschrieben wurden: die Contritio (= Reue), die Confessio (= Bekenntnis) und die Satisfactio (= Wiedergutmachung). An die Satisfactio knüpfte sich der Ablass. Auf das Geständnis der Sünde und die ausgesprochene Reue folgte die Absolution mit den ausgehandelten Bußleistungen der Wiedergutmachung, die nun von der Kirche in unterschiedliche Leistungen gegliedert wurden. Zwar wurde der Sünder in der Buße von seiner Sündenschuld und damit von der ewigen Strafe befreit, nicht aber von den zeitlichen Kirchenstrafen, die er für die Sünden als Wiedergutmachung abzuleisten hatte. Nach römischer Kirchenlehre war der Ablass demnach ein besonderer göttlicher Gnadenakt, der der eigentlichen Vergebung nachfolgte. Er wurde durch verbindliche Rechtsakte und Reglungen der römischen Kirchenautorität vermittelt. Die Ablässe wurden als göttliche Indulgenz (= Milde, Gnade) herausgestellt, die das ganze religiöse Leben des Menschen regeln und umfassen. Sie wurden von der Kirche nach göttlicher Gerechtigkeit gefordert und mussten aufgebracht werden. Der Absolvierte kaufte sich durch seine Wiedergutmachung dann von den zu leistenden zeitlichen Kirchenstrafen frei.

Nach römisch-katholischem Kirchenrecht des Codex Iuruis Canonici von 1983 definiert der Canon 992 den Ablass: „Ablass ist der Nachlass zeitlicher Strafe vor Gott für Sünden, deren Schuld schon getilgt ist, ihn erlangt der entsprechend disponierte Gläubige unter bestimmten festgelegten Voraussetzungen durch die Hilfe der Kirche, die im Dienst an der Erlösung den Schatz der Sühneleistungen Christi und der Heiligen autoritativ verwaltet und zuwendet."

Durch die Bestimmung der Buße als Sakrament wurde der Kirche die Vollmacht zum Erteilen des Ablasses zugesprochen. Das

Ablasswesen begann sich auszuweiten und wurde als heilsam angesehen. (1) Zunächst beachtete die Kirche, dass in der Beichte dem Beichtenden die Schuld vor Gott durch die Absolution vergeben werde, nicht aber die Kirchenstrafen, die Wiedergutmachung. Bei der Regelung des Strafmaßes begann die Kirche als Heilsanstalt durch ihre Glaubenslehre ihren Willen neben Gottes Willen zu stellen. Sie erschien ab sofort dem Beichtenden als eine dominierende Machtgröße, die Gottes Evangelium von der Vergebung der bereuten und gebeichteten Sünden durch ihr Strafmaß zu verdeutlichen begann. Um ihre Herrschaft über den Menschen zu verfestigen, dehnte sie die Kirchenstrafen auch auf den Bereich des Fegefeuers aus. Im Jahr 1476 stellten die Päpste dann endgültig den Ablass für die armen Seelen, für die Verstorbenen im Fegefeuer aus. Mit dieser Grenzüberschreitung des Irdischen erweiterte die römische Kirche ihren Machtanspruch in den Heilsangelegenheiten auch auf das Jenseits der Verstorbenen.

Der Ablasskauf wurde zu einem Tauschhandel im kommerziellen Sinne von Geben und Nehmen zwischen dem Gläubigen und der römischen Kirche. Dadurch missbrauchte die Kirche ihre seelsorgerlichen und erzieherischen Aufgaben. Statt der inneren Erbauung und, damit einhergehend, der Sinnesänderung des Menschen durch die Verkündigung des Evangeliums, bot sie dem Beichtenden als Lösung an, durch verschiedene kirchliche Ersatzleistungen, wie Unterstützung eines Kirchenbaus, Schenkungen, Geldspenden, Wallfahrten usw., die persönlichen Bußleistungen abzugelten. Die Kirche beherrschte durch ihre Wiedergutmachungsbestimmungen das Seelenleben der Gläubigen. Wer auf einen Kreuzzug mitzog, erhielt vollkommenen Ablass, also den Plenarablass.

Verständlicherweise entwickelte sich die Herrschaftsgewalt der römischen Kirche durch ein gestaffeltes Ablasswesen weiter.

So konnte eine Befreiung von der Teilnahme an einem Kreuzzug durch materielle Leistungen, wie Schenkungen oder Geldspenden, abgegolten werden. Trotz anfänglicher Bedenken ließen sich die Päpste auf den Ablasshandel in der Beicht- und Bußpraxis ein. Somit wurde der Ablass zu einer Geldquelle für die Kirche Roms. Mit Phantasie wurde das Ablassangebot als Erlass der zeitlichen Kirchenstrafen ausgebaut. Papst Bonifatius VIII. erklärte die Jahrhundertwende 1300 zu einem Jubeljahr und bot den Gläubigen an, in Rom einen Jubelablass zu erwerben. Um den Menschen die Reise nach Rom zu ersparen, kam der Ablass zu ihnen. So wurde das „heilige Geschäft", wie der Ablasshandel gegen Geld im amtlichen Sprachgebrauch der römischen Kirche genannt wurde, durch die von den Bischöfen bevollmächtigen Ablassprediger vertrieben. Anfangs wurde der Ablass durch die Päpste nur für Vornehme ausgestellt und später in Form von „Beichtbriefen" für jeden. Durch sie war der Priester in der Beichte gegenüber Beichtenden verpflichtet, den vollkommenen Ablass zu erteilen. Die persönlich zu leistende Wiedergutmachung nach der Absolution wurde durch den Kauf des Ablassbriefes den Beichtenden im wahrsten Sinne des Wortes erlassen. Mancher Priester beobachtete in der Beichte den Unernst des Beichtenden gegenüber der Absolution und der zu leistenden Genugtuung. Denn mit Geld, also mit dem Ablassbriefkauf, konnte nun in der römischen Kirche alles geregelt werden, ohne innerliche Sinnesänderung und ohne Abkehr von den Sünden. Damit begann eine innere Verrohung der Glaubenden.

Mit dem Ablasshandel als einem Geldgeschäft entfernte sich die römische Kirche von der biblischen Botschaft des barmherzigen Gottes in Jesus Christus. Sie trat in der Beicht- und Bußpraxis an die Stelle Gottes und verschleuderte durch Geld auf dem Markt Gottes Gnade und Gottes Zuspruch an den Menschen. Auf diese

Weise verführte die römische Kirche die Menschen in ihrem Gewissen und wiegte sie seelsorgerlich in einer falschen religiösen Gewissheit.

Dr. Martin Luthers Einspruch gegen das Ablasswesen richtet sich gegen den Fiskalismus (= Geldwirtschaft) der Kurie und ihre Kirchengesetze. Er kritisierte auch den Kauf von Bischofsstühlen durch den Erzbischof und Kardinal von Mainz, Albrecht von Brandenburg. Diese kirchliche Handlungsweise lief dem Simonieverbot der Bibel, Acta 8,20 ff., zuwider. Luther kritisierte die finanzielle Verrechnung der kirchlichen Beicht- und Bußpraxis mit dem Heilshandeln Christi. (2) In diesem Punkt hatte er die deutsche Nation hinter sich. Luther ärgerte sich auch über die Beichtpraxis, dass in der Confessio (= Bekenntnis) die Sünden einzeln vor dem Priester aufgezählt werden mussten. Er selbst wusste nach der Beichte nie, ob er in der Beichte alle Sünden aufgezählt hatte und geriet über seine Ungewissheit in Gewissensqualen, sodass er immer wieder zur Beichte ging, um von dieser Gewissensbelastung befreit zu werden. Aus dieser Gewissensunsicherheit entsprang sein Widerwillen gegen diesen Beichtzwang, den er in seiner Schrift „Von der Beichte" 1521 darlegte. Aufgrund seiner biblisch-theologischen Erkenntnis wollte Luther in der Beichte den barmherzigen Gott herausstellen.

Für Luther stand aufgrund der Bibel fest: Iustitia dei ist nach Paulus nicht die richtende Gerechtigkeit (iustitia distributiva), sondern die schenkende Gerechtigkeit (iustitia passiva). Gott ist es, der den Menschen gerecht macht. Der Mensch empfängt als Glaubender die ihn freisprechende Gerechtigkeit. Für Luther ist die im Glauben empfangene Rechtfertigung nicht nur Sündenvergebung, sondern auch die beginnende Gerechtmachung. Der Mensch erlangt ein neues Selbstverständnis. Luther weiß, dass die Iustitia dei erst am Jüngsten Tag zu ihrer vollen Verwirklichung gelangt. Der Glaubende lebt schon jetzt seinen Glauben und schaut das Geglaubte endgültig am Jüngsten Tag. Der Akzent liegt auf der göttlichen Verheißung und dem Glauben. Luther hat seine neue theologische Erkenntnis in seinen Predigten und Schriften über das Christusverständnis, die Stellung des Menschen vor Gott und die Spannung von Gericht und Evangelium dargelegt.

3. Ablassinstruktionen des Kardinals und Erzbischofs Albrecht von Mainz und Magdeburg

Luther erkannte Gottes barmherzige Zuwendung zum Menschen in Jesus Christus aus seinem Bibelstudium. Dies war sein theologisches Kriterium, mit dem er gegen den Ablasshandel in der römischen Kirche zu protestieren begann. Denn im Ablasshandel der römischen Kirche sah er eine geistliche Verführung und Irreführung des gläubigen Menschen. Für Luther wurde auf diese Weise der ursprüngliche Begriff und die Bedeutung von Buße verdunkelt. Denn nun war nicht mehr Gott der Handelnde am Menschen, sondern die römische Kirche. Dies widersprach Luthers theologischer Erkenntnis, Gott die Ehre zu geben.

Gegen den 1515 von Papst Leo X. ausgeschriebenen Jubiläumsablass zum Bau der St. Peterskirche zu Rom verhielt sich der fromme Kurfürst Friedrich der Weise, der eine große Reliquiensammlung sein Eigen nennen konnte, ablehnend. Aus diesem Grund verbot er dem Ablassprediger Johann Tetzel (1465–1519), sein Land zu betreten. Dieser Dominikanermönch war zunächst Ablassprediger des Deutschordens und dann Unterkommissar des Erzbischofs und Kardinals Albrecht von Mainz im Ablasshandel. Tetzel predigte im Magdeburger Gebiet des Erzbischofs in unmittelbarer Nähe des Kurfürstentums, sodass sich die Menschen aus Wittenberg bei ihm in Jüterbog und Zerbst den Ablass kaufen konnten. Tetzel handelte ganz im Sinne der Kurie und rühmte den Ablass als „Gnad und Ablass von Pein und Schuld". So verstanden inzwischen auch die einfachen Leute den Ablass. Als im Jahr 1516 Herzog Georg von Sachsen für seine Lieblingskirche St. Anna in Annaberg die „römische Gnade", den Jubiläumsablass, erwirken wollte, ließ er sich von Tetzel eine Instruktion für die an den Papst zu richtende Bittschrift aufsetzen. Er schlug dem Herzog vor, dass die Gläubigen, die die Kirche St. Anna an bestimmten Tagen aufsuchten und zu ihrer Ausgestaltung auch Geld spendeten, einen vollkommenen Ablass ihrer Sünden erhalten sollten. Voraussetzung war, dass die Menschen ihre Beichte bei den mit den Ablassgnaden betrauten Priestern abzulegen hatten. Von diesen empfingen sie, was sie zum Heil der Seele benötigten: Lossprechung von der Sündenschuld und Lossprechung von den Strafen des Fegefeuers. Beide Angebote fielen in einer einzigen Handlung mit der Aushändigung des Ablassbriefes zusammen.

Im Herbst 1516 gelangte das mit dem Wappen des Magdeburger Erzbischofs Albrecht legitimierte Instruktionsbuch für die Ablassprediger in Luthers Hände. Luther zitiert Sätze in seiner Schrift „Wider Hans Worst" von 1541 aus diesem Instruktionsbuch, denn selbst Johann Tetzel orientierte sich an ihm in seinen Ablasspredigten. (1)

Die Sätze lauten:

„Er hätte solche Gnade und Gewalt vom Papst, dass er es vergeben könnte, wenn einer gleich die heilige Jungfrau Maria, Gottes Mutter, geschwächt oder geschwängert hätte, so könnte er's vergeben, wenn derselbe in den Kasten lege, was sich gebühre.

- Weiter: Das rote Ablasskreuz mit des Papstes Wappen, in den Kirchen aufgerichtet, sei ebenso kräftig wie das Kreuz Christi.
- Weiter: Wenn Petrus jetzt hier wäre, hätte er keine größere Gnade noch Gewalt, als er (Tetzel) habe.
- Weiter: Er wollte nicht mit Petrus im Himmel tauschen, denn er hätte mit Ablass mehr Seelen erlöst als Petrus mit seinem Predigen.
- Weiter: Wenn einer für eine Seele im Fegefeuer Geld in den Kasten lege, sobald der Pfennig auf den Boden fiele und klänge, so führe die Seele aus dem Fegefeuer gen Himmel.
- Weiter: Die Ablassgnade wäre eben die Gnade, durch die der Mensch mit Gott versöhnt wird.
- Weiter: Es wäre nicht notwendig, Reue oder Leid oder Buße für die Sünde zu haben, wenn einer den Ablass oder die Ablassbriefe kaufe (ich wollte sagen, löse). Er verkauft auch Ablass für künftige Sünde. Und dieser Dinge trieb er greulich viel; und war ihm alles ums Geld zu tun."

Luther als Pfarrer, Seelsorger und Theologieprofessor sah sich durch solche Sätze Tetzels seelsorgerlich und theologisch herausgefordert. Er predigte und schrieb öffentlich dagegen an.

4. Dr. Martin Luthers Stellungnahme zur römischen Ablasspraxis

Luther beschreibt in seiner Schrift „Wider Hans Worst" seine Konfrontation mit dem Ablassprediger Tetzel: „Ich wusste aber zu jener Zeit noch nicht, für wen dies Geld bestimmt war. Da kam ein Büchlein heraus, gar herrlich unter dem Wappen des Bischofs von

Magdeburg, in dem einige dieser Artikel den Ablasskrämern zu predigen aufgetragen wurden. Da kam's an den Tag, dass Bischof Albrecht diesen Tetzel gedungen hatte, weil er ein so grober Schreier war ..." (1)

Am 30. Oktober 1516 predigte Luther in der Schlosskirche gegen Tetzels Ablasspraxis und ebenfalls am 24. Februar 1517. Beide Predigten wurden nicht wohlwollend von seinem Landesvater Kurfürst Friedrich dem Weisen aufgenommen. Denn dieser hatte in seinem Allerheiligenstift in Wittenberg selbst eine große Reliquiensammlung, die reichen Ablass verbürgte. Außerdem konnte jeder Besucher in der Schlosskirche zu Wittenberg am Allerheiligenfest vollkommenen Ablass erhalten. Dadurch wurde Wittenberg zur einzigen und bedeutendsten Gnaden- und Wallfahrtsstätte Norddeutschlands. Für den Kurfürsten bedeutete dieses alljährliche Ablassfest in seiner Schlosskirche eine stattliche Einnahmequelle.

Trotzdem fühlte sich Luther stark genug, seine theologische Erkenntnis von der zugeteilten Gnade Gottes aus der Bibel zu verkündigen. Seine gewonnenen theologischen Erkenntnisse brachte er auf die Kanzel der Schlosskirche. Denn im Beichtstuhl erlebte er, wie mancher Beichtende ihm Tetzels Ablassbrief vorhielt und von ihm aufgrund des Ablassbriefes ohne zu beichten, vollkommene Absolution forderte. Dies widersprach seinem Glaubensverständnis wie auch seinem Verständnis von Beichte, die nach dem Bußsakrament vom beichtenden Menschen Reue (= Contritio), das Beichtbekenntnis (= Confessio) und die Genugtuung (= Satisfactio) verlangte. Diese Beichtmethode war für Luther in seinem Klosterleben ein bewusster innerer Läuterungsprozess. Trotzdem war er sich nicht immer der Absolution gewiss, weil er sich nicht erinnerte, ob er alle Sünden gebeichtet hatte, und litt deshalb unter seinen Gewissensqualen. Erst als ihm sein Klosterprior und

Beichtvater Johann von Staupitz auf Gottes schenkende Gnade und Barmherzigkeit in Jesus Christus aufmerksam machte, erlebte Luther die Befreiung von seiner Gewissensnot. Im Brief vom 30. Mai 1518 bedankte sich Luther bei Johann Staupitz für diesen seelsorgerlichen Hinweis:

„Ich (= Luther) erinnere mich, ehrwürdiger Vater, dass bei Deinen anziehenden und heilsamen Gesprächen, mit denen mich der Herr Jesus wunderbar zu trösten pflegt, zuweilen das Wort ‚Buße' gefallen ist. Es erbarmte uns des Gewissens vieler und jener Henker, die mit unerträglichen Geboten eine Beichtvorschrift (wie sie es nennen) vorlegen. Dich aber nahmen wir auf, als ob Du vom Himmel herab redetest; dass wahre Buße allein mit der Liebe zur Gerechtigkeit und zu Gott beginne. Was jene für das Ziel und die Vollendung der Buße hielten, das sei vielmehr nur deren Anfang." (2)

Luther führt aus, dass er durch gelehrte Männer gelernt habe, „dass dieses Wort (= Buße) auf Griechisch ‚Metanoia' heiße, von ‚meta' (= nach) und ‚vouv' (vous = Verstand), d.h. im Latein ‚post' (= nach) und ‚mentem' (= Verstand). Also bedeutet Buße oder ‚Metanoia' ein Wiederzurechtkommen im Verstand, eine Einsicht in die eigene Unvollkommenheit". Die logische Folgerung war dann für Luther, den Irrtum einzusehen und sich bewusst zu ändern, eine geistliche Kehrtwendung auf dem bisherigen Weg zu vollziehen. Dass aber kann der Mensch unmöglich ohne Änderung des Sinnes und der (Eigen-)Liebe vollbringen, sondern er bedarf der Hilfe Gottes, der des Menschen Glauben neu durch Jesus ausrichtet. Luther fährt dann fort: „Dies alles entspringt der Theologie des Paulus so genau, dass – wenigstens nach meinem Dafürhalten – nichts den Paulus passender erläutern kann." (3)

Luther beschreibt, wie er das „post" „mentem" von „trans" und „mentem" herleitet, sodass „Metanoia" eine völlige Veränderung der menschlichen Gedanken und der Gesinnung bedeute. Diese Gesinnungsänderung geschieht für ihn durch Gottes Gnade. „Denn jener Wechsel in der Gesinnung – das ist nämlich die wahrhafte Buße – ist in der heiligen Schrift hoch gepriesen; ..." (4)

Durch die Grammatik der Heiligen Schrift erkannte Luther, dass „Wechseln", das „Hinüberspringen" von einem Zustand in den anderen, durch die Glaubenserkenntnis der Heilstat Gottes in Jesus Christus möglich ist. Diese Befähigung zum „fröhlichen Wechsel" durch den Glauben an Gott eröffnet Luther das wahre Verständnis der Buße. Von dieser neuen theologischen Einsicht her kritisierte Luther das falsche Verständnis der Buße durch die bisherigen Theologen, die sich durch das lateinische Wort „poenitentiam agere" haben irreleiten lassen. Statt auf die Sinnesänderung in der Buße zu achten, forderten sie vom Glaubenden eine Bußleistung durch Tun. Luther beklagte den Irrtum der Theologen: „Kurz, sie schoben einfach die Lehre von der wahren Buße beiseite und vermaßen sich, nicht etwa die Buße, auch nicht einmal deren allergeringsten Teil, die Genugtuung, sondern eben die Erlassung dieses allergeringsten Teiles wortreich zu rühmen ..." (5)

Durch sein Bibelstudium sowohl des Alten Testaments wie auch des Neuen Testaments gewann Luther die Einsicht, dass die Bibel ein ganz anderes Gottverständnis lehrt als die römische Theologie und wie es auch in der Volksfrömmigkeit praktiziert wurde. Er nahm Gott wahr als den Lebendigen, der seine Gerechtigkeit dem glaubenden Menschen durch Jesus Christus und durch sein Wort zuteilt. Der lebendige Gott kommt durch Jesu Christi Kreuzestod auf den beichtenden Menschen zu und macht ihn wieder lebendig.

Luther berichtet in der Vorrede zu Band I der lateinischen Schriften der Wittenberger Luther-Ausgabe von 1545, wie er seine theologische Erkenntnis gewonnen hat, mit der er sich gegen Papst und römische Kirche stellen konnte:

„Damals hatte ich die Heilige Schrift schon sieben Jahre lang aufs fleißigste privatim und öffentlich gelesen und gelehrt, sodass ich fast alles auswendig konnte; dann hatte ich auch die Anfänge der Erkenntnis und des Glaubens aus Christus gewonnen, nämlich: dass wir nicht durch Werke, sondern durch den Glauben an Christus gerecht und selig werden, schließlich hatte ich auch das, wovon ich jetzt rede, der Papst ist nicht nach göttlichem Recht das Haupt der Kirche, bereits öffentlich verteidigt. Dennoch sah ich nicht das, was daraus folgt, nämlich dass der Papst notwendigerweise aus dem Teufel ist. Denn was nicht aus Gott ist, muss vom Teufel sein." (6)

Luther schildert dann, wie er sich abmühte, um Vers 17 des 1. Kapitels des Römerbriefes zu verstehen. Denn dieses Versverständnis eröffnete ihm ein neues Gottesverständnis, das ihm Gott als den barmherzigen, sich in Jesus Christus den Menschen zuwendenden Gott zeigte. Diese theologische Gotteserkenntnis der Bibel wird als die eigentliche Reformation in Luthers theologischem Denken bezeichnet, die er verkündigte und in seinen Büchern darlegte. Die neue Gotteserkenntnis ist die Wende und Verlebendigung der Theologie. „Nicht die Herzenskälte, sondern ein einziges Wort im ersten Kapitel (Vers 17) war mir bisher dabei im Wege: ‚Die Gerechtigkeit Gottes wird darin (im Evangelium) offenbart.' Ich hasste nämlich dieses Wort – ‚Gerechtigkeit Gottes' – weil ich durch den Brauch und die Gewohnheit aller Lehrer unterwiesen war, es philosophisch von der formalen oder aktiven Gerechtigkeit (wie sie es nennen) zu verstehen, nach welcher Gott gerecht ist und die Sünder und Ungerechten straft.

Ich konnte den gerechten, die Sünder strafenden Gott nicht lieben, im Gegenteil, ich hasste ihn sogar. Wenn ich auch als Mönch untadelig lebte, fühlte ich mich vor Gott doch als Sünder, und mein Gewissen quälte mich sehr. Ich wagte nicht zu hoffen, dass ich Gott durch meine Genugtuung versöhnen könnte." Luther findet aus seinen Gewissensqualen einen Ausweg. „So wütete ich wild und mit verwirrtem Gewissen, jedoch klopfte ich rücksichtslos bei Paulus an dieser Stelle an: Ich dürstete glühend zu wissen, was Paulus wolle.

Da erbarmte sich Gott meiner. Tag und Nacht war ich in tiefe Gedanken versunken, bis ich endlich den Zusammenhang der Worte beachtete: ‚Die Gerechtigkeit Gottes wird ihm (im Evangelium) offenbart, wie geschrieben steht: Der Gerechte lebt aus dem Glauben.' Da fing ich an, die Gerechtigkeit Gottes als eine solche zu verstehen, durch welche der Gerechte als Gottes Gabe lebt, nämlich aus dem Glauben. Ich fing an zu begreifen, dass dies der Sinn sei: durch das Evangelium wird die Gerechtigkeit Gottes offenbart, nämlich die passive, durch welche uns der barmherzige Gott durch den Glauben rechtfertigt, wie geschrieben steht: ‚Der Gerechte lebt aus dem Glauben.' Da fühlte ich mich wie ganz und gar neu geboren, und durch offene Tore trat ich in das Paradies selbst ein. Da zeigte mir die Schrift ein völlig anderes Gesicht. Ich ging die Schrift durch, soweit ich sie im Gedächtnis hatte, und fand auch bei anderen Worten das gleiche, z.B.: ‚Werk Gottes' bedeutet das Werk, welches Gott in uns wirkt, ‚Kraft Gottes' – durch welche er uns kräftig macht, ‚Weisheit Gottes' – durch welche er uns weise macht. Das gleiche gilt für ‚Stärke Gottes', ‚Heil Gottes', ‚Ehre Gottes'.

Mit so großem Hass, wie ich zuvor das Wort ‚Gerechtigkeit Gottes' gehasst hatte, mit so großer Liebe hielt ich jetzt dies Wort als das allerliebste hoch. So ist mir diese Stelle des Paulus in der Tat die Pforte des Paradieses gewesen." (7)

Diese neue theologische Erkenntnis aus der Bibel legte Luther den Menschen in seinen Predigten und seinen Schriften dar und sprach sie ihnen in der Beichte zu. Denn nur die rechte Gotteserkenntnis befreit den Menschen von seiner Sündenangst und -qual. Durch diese Gotteserkenntnis und durch die rechte Buße erhält der Mensch ein neues Selbstverständnis und Glaubensverständnis.

Luther wollte seine neue Gotteserkenntnis in der römischen Kirche verbreiten. In seiner Vorrede zu seiner lateinischen Werkausgabe betont er: „Ich war damals Prediger, ein (wie man sagt) junger Doktor der Theologie, und fing an, den Leuten abzuraten und sie zu ermahnen, sie sollten den Ablassschreiern kein Gehör schenken; sie hätten Besseres zu tun. Und ich glaubte dabei ganz gewiss, dass ich den Papst als Schutzherrn hätte, auf den ich damals mein ganzes Vertrauen setzte, weil er in seinen Dekreten das unverschämte Treiben der Quästoren (so nennt er die Ablassprediger) ganz klar und deutlich verdammt.

Alsbald schrieb ich zwei Briefe, den einen an den Erzbischof Albrecht von Mainz, der die Hälfte der Ablassgelder erhielt (die andere Hälfte bekam der Papst, was ich damals nicht wusste), den anderen an den Ordinarius loci (wie man ihn nennt), den Bischof zu Brandenburg, Hieronymus, und bat sie, der Unverschämtheit und Gotteslästerung der Ablasskrämer Einhalt zu tun. Aber das arme Mönchlein wurde nicht beachtet. Da man mir kein Gehör schenkte, veröffentlichte ich den Disputationszettel (die 95 Thesen) und zugleich die deutsche Predigt ‚Von Ablass und Gnade', kurz darauf auch die ‚Erläuterungen', in welchen ich dem Papst zu Ehren darauf hinsteuerte, den Ablass zwar nicht zu verdammen, doch die guten Werke der Liebe ihm vorzuziehen.

Das hieß den Himmel herabstürzen und die Welt in Brand stecken. Ich wurde beim Papst verklagt, nach Rom zitiert, und das ganze Papsttum erhebt sich gegen mich, einen einzelnen Mann." (8)

Aufgrund seines Bibelstudiums kritisiert Luther die Lehre der Theologen und der römischen Kirche und stellt fest, „dass es besser sei, genugzutun, als die Genugtuung zu erlassen, d.h. Ablass zu kaufen“ (a.a.O.). Die Ablassverkäufer bezeichnet Luther als Geldjäger und Seelenfänger.

Aufgrund seiner theologischen Erkenntnis und aus seelsorgerlicher Verantwortung um des Menschen willen musste er gegen die Ablasspredigt Tetzels vorgehen wie auch gegen die Ablasspraxis der römischen Kirche. Das Evangelium lehrt die Buße anders als die Kirche.

Luther war in seinen 95 Thesen von 1517 zunächst kein grundsätzlicher Gegner des Ablasses. In der These 58 legte er die Basis für eine grundlegende Infragestellung des päpstlichen Ablasswesens. Er warf in ihr dem Papst Anmaßung vor, nach Gutdünken den „Gnadenschatz“ nach menschengemachten Regeln „verwalten“ und „verteilen“ zu dürfen. Mit diesem Machtanspruch greife der Papst Gottes Gerechtigkeit voraus. Damit war die theologische und kirchliche Problemstellung benannt.

5. Dr. Martin Luthers Brief an Erzbischof Albrecht von Mainz vom 31. Oktober 1517

„Jesus, Gnade und Barmherzigkeit Gottes und alles, was er vermag und ist! Hochwürdiger Vater in Christus, durchlauchtigster Kurfürst, wollet mir verzeihen, wenn ich, die Hefe der Menschen, ein solches Maß von Vermessenheit habe, dass ich wage, auf einen Brief an Eure höchste Erhabenheit zu sinnen. Ich habe – und dessen ist mir der Herr Jesus Zeuge – im Bewusstsein meiner Niedrigkeit und Erbärmlichkeit schon lange hinausgeschoben, was ich nun mit unverschämter Stirn tue. Es bewegt mich aufs stärkste meine Treuepflicht, deren ich mich Euch gegenüber, meinem hochwürdigen Vater in Christus, für schuldig erkenne. Darum wolle Eure Hoheit geruhen, mir, der ich nur Staub bin, Euer Augenmerk zuzuwenden und gemäß Eurer persönlichen und bischöflichen Milde meinem Verlangen Verständnis entgegenzubringen.

Es wird (im Lande) unter dem Schutz Eures erlauchten Titels der päpstliche Ablass zum Bau von Sankt Peter feilgeboten. Ich klage dabei nicht so sehr über das Geschrei der Ablassprediger, das ich (persönlich) nicht gehört habe. Wohl aber bin ich schmerzlich erzürnt über die grundfalsche Auffassung, die das Volk daraus gewinnt und mit der man sich öffentlich überall brüstet. Offenbar glauben die unglücklichen Seelen, ihrer Seligkeit sicher zu sein, sobald sie nur einen Ablassbrief gelöst haben, ebenso glauben sie, dass die Seelen sofort aus dem Fegefeuer fahren, sobald sie das Lösegeld in den Kasten gelegt hätten. Weiter: So kräftig sei diese (Ablass)gnade, dass jede noch so große Sünde vergeben werden könne, selbst in dem unmöglichen Fall, wenn einer – nach ihren Worten – die Mutter Gottes geschändet hätte. Endlich soll der Mensch durch diesen Ablass von jeglicher Strafe und Schuld frei werden.

Ach lieber Gott, so werden die Seelen, die Eurer Fürsorge, teurer Vater, anvertraut sind, zum Tode unterwiesen! Und die schwere Verantwortung, die von Euch um dieser Seelen willen gefordert wird, wächst immer mehr an. Darum kann ich in dieser Sache nicht länger schweigen. Denn kein Mensch wird durch des Bischofs Amt und Werk seines Heiles gewiss – erlangt er die Gewissheit ja nicht einmal durch die eingegossene göttliche Gnade –, vielmehr gebietet uns der Apostel, allezeit mit Furcht und Zittern zu schaffen, dass wir selig werden (Philipper 2,12); ja selbst der

Gerechte wird kaum erhalten werden (1. Petrus 4,18). Endlich: Der Weg, der zum Leben führt, ist so schmal (Matthäus 7,14), dass der Herr durch die Propheten Amos (4,11) und Sacharja (3,2) die zum Heil Kommenden einen Brand nennt, der aus dem Feuer gerissen wird. Überall betont der Herr, wie schwer es sei, die Seligkeit zu erlangen.

Wie ist' s also möglich, dass sie durch erlogene Märchen und Versprechungen vom Ablass das Volk in Sicherheit und Furchtlosigkeit wiegen? Die Ablässe tragen doch zum Heil und zur Heiligung der Seelen nichts bei, sondern tilgen nur die äußerliche Strafe, wie man sie ehemals nach den kanonischen Vorschriften aufzulegen pflegte!

Weiter: Die Werke der Gottesfurcht und der Liebe sind unendlich wertvoller als die Ablässe. Und doch wird darüber weder mit solchem Gepränge noch mit solchem Eifer gepredigt, ja man schweigt, und (doch) einzige Sorge aller Bischöfe sein sollte, dass das Volk das Evangelium und die Liebe Christi lerne. Die Ablasspredigt hat Christus nirgends geboten, wohl aber mit großem Nachdruck die Evangeliumspredigt. Welch große Schande und welch große Gefahr ist es als für einen Bischof, wenn er das Evangelium schweigen lässt, dafür aber den Ablasslärm unter seinem Volk erlaubt und dafür mehr übrig hat als für das Evangelium! Wird Christus nicht zu solchen sprechen: ‚Ihr seihet Mücken und schlucket Kamele' (Matthäus 23,24).

Dazu kommt, hochwürdiger Vater in dem Herrn, noch folgendes: In der Anweisung für die Ablasskommissare, die unter Eurem Namen veröffentlicht worden ist, heißt es – sicherlich ohne euer Wissen und Wollen –, eine der Hauptgnaden bestehe in dem unschätzbaren Gottesgeschenk der Versöhnung des Menschen mit Gott und der Tilgung sämtlicher Fegefeuerstrafen. Auch hätten die, welche Ablass für die armen Seelen oder Beichtbriefe lösten, keine Reue nötig.

Was kann ich anderes tun, hochedler Bischof und erlauchtester Fürst, als dass ich Euch, hochwürdigster Vater, bei unserem Herrn Jesus Christus bitte, Ihr wollet in väterlicher Sorge Euer Auge dieser Sache zuwenden, jenes Büchlein völlig beseitigen und den Ablasspredigern eine andere Predigtweise zur Auflage machen? Sonst könnte es so weit kommen, dass einer aufsteht, der durch seine Bücher die Ablassprediger sowohl als auch jenes Büchlein öffentlich widerlegt – zur höchsten Schande Eurer erlauchten Hoheit. Davor graut mir in tiefster Seele, und doch fürchte ich dies für die nächste Zukunft, wenn nicht schnell Abhilfe geschaffen wird.

Ich bitte, Euer erlauchte Gnaden wolle diesen meinen bescheidenen, aber treuen Dienst als Fürst und Bischof, d.h. voll Huld entgegennehmen, wie ich ihn mit treuem und Euch, hochwürdigstem Vater, ganz ergebenem Herzen darbringe. Denn auch ich bin ein Schaf Eurer Herde. Der Herr Jesus behüte Euch, ehrwürdiger Vater, in Ewigkeit. Amen.

Wenn es Euch, hochwürdiger Vater, beliebt, möget Ihr meine beiliegenden Streitsätze ansehen, damit Ihr erkennet, was für eine unsichere Sache die Auffassung vom Ablass ist, wenn auch die Ablassprediger ihre Sache für unbedingt gewiss halten.

Euer unwürdiger Sohn

Martin Luther, Augustiner, berufener Doktor der Theologie. (1)

(Luther legte dem Brief an den Erzbischof und Kardinal Albrecht von Mainz die 95 Thesen bei.)

6. Die 95 Thesen von 1517 in Latein und Deutsch

Luther veröffentlichte seine 95 Thesen von 1517 zunächst in Latein, der damaligen Gelehrtensprache, weil er sich an die gelehrten Theologen und Philosophen wandte, die er zu einer Disputation (= Diskussion) (dazu) einlud. Sie wurden dann mehrmals übersetzt.

Ich verbinde den lateinischen Text der Thesen mit der deutschen Übersetzung, um so die Thesen besser verständlich zu machen.

Gliederung der 95 Thesen:

1: Von der wahren Buße und der päpstlichen Vergebungsgewalt: These 1–7
2: Vom Ablass für die Toten: These 8–29
3: Vom Ablass für die Lebenden: These 30–40
4: Vom Ablass und den guten Werken: These 41–52
5: Von der Ablasspredigt: These 53–80
6: Von den Bedenken der Laien gegen den Ablass: These 81–91
7: Vom falschen Frieden und Christi Kreuz: These 92–95

Amore et studio elucidande veritas hec subscripta disputabuntur Wittenberge, Presidente R.P. Martino Lutter, Artium et S. Theologie Magistro eiusdemque ibidem lectore Ordinario. Quare petit, ut qui non possunt verbis presentes nobiscum disceptare agant id literis absentes. In nomine domini nostri Hiesu Christi. Amen.

1. Dominus et magister noster Iesus Christus dicendo ‚Penitentiam agite etc.' omnem vitam fidelium penitentiam esse voluit.

2. Quod verbum de penitentia sacramentali (id est confessionis et stisfactionis, que sacerdotum ministerio celebratur) non potest intelligi.
3. Non tamen solam intendit interiorem, immo interior nulla est, nisi foris operetur varias carnis mortificationes.

4. Manet itaque pena, donec manet odium sui (id est penitentia vera intus), scilicet usque ad introitum regni celorum.

5. Papa non vult nec potest ullas penas remittere preter eas, quas arbitrio vel suo vel canonum imposuit.

6. Papa non potest remittere ullam culpam nisi declarando et approbando remissam a deo Aut certe remittendo casus reservatos sibi, quibus contemptis culpa prorsus remaneret.

7. Nulli prorsus remittit deus culpam, quin simul eum subiiciat humiliatum in omnibus sácerdoti suo vicario.

Aus Liebe zur Wahrheit und in dem Bestreben, diese zu ergründen, soll in Wittenberg unter dem Vorsitz des ehrwürdigen Vaters Martin Luther, Magisters der freien Künste und der heiligen Theologie sowie deren ordentlicher Professor daselbst, über die folgenden Sätze disputiert werden. Deshalb bittet er die, die nicht anwesend sein und mündlich mit uns debattieren können, dieses in Abwesenheit schriftlich zu tun. Im Namen unseres Herrn Jesu Christi, Amen.

1. Da unser Herr und Meister Jesus Christus spricht „Tut Buße" usw. (Matth. 4,17), hat er gewollt, dass das ganze Leben der Gläubigen Buße sein soll.
2. Dieses Wort kann nicht von der Buße als Sakrament – d.h. von der Beichte und Genugtuung –, die durch das priesterliche Amt verwaltet wird, verstanden werden.
3. Es bezieht sich nicht nur auf eine innere Buße, ja eine solche wäre gar keine, wenn sie nicht nach außen mancherlei Werke zur Abtötung des Fleisches bewirkte.
4. Daher bleibt die Strafe, solange der Hass gegen sich selbst – das ist die wahre Herzensbuße – bestehen bleibt, also bis zum Eingang ins Himmelreich.
5. Der Papst will und kann keine Strafen erlassen, außer solchen, die er auf Grund seiner eigenen Entscheidung oder der der kirchlichen Satzungen auferlegt hat.
6. Der Papst kann eine Schuld nur dadurch erlassen, dass er sie als von Gott erlassen erklärt und bezeugt, natürlich kann er sie in den ihm vorbehaltenen Fällen erlassen; wollte man das geringachten, bliebe die Schuld ganz und gar bestehen.
7. Gott erlässt überhaupt keinem die Schuld, ohne ihn zugleich demütig in allem dem Priester, seinem Stellvertreter, zu unterwerfen.

8. Canones penitentiales solum viventibus sunt impositi, nihilque morituris eosdem debet imponi.

9. Inde bene nobis facit spiritussanctus in papa excipiendo in suis decretis semper articulum motris et necessitatis.

10. Indocte et male faciunt sacerdotes ii, qui morituris penitentias canonicias in purgatorium reservant.
11. Zizania illa de mutanda pena Canonica in penam purgatorii videntur certe dormientibus episcopis seminata.

12. Olim pene canonice non post, sed ante absolutionem imponebantur tanquam tentamenta vere contritionis.

13. Morituri per mortem omnia solvunt et legibus canonum morituri iam sunt, habentes iure earum relaxationem.

14. Imperfecta sanitas seu charitas morituri necessario secum fert magnum timorem, tantoque maiorem, quanto minor ferit ipsa.
15. Hic timor et horror satis est se solo (ut alia taceam) facere penem purgatorii, cum sit proximus desperationis horrori.

16. Videntur infernus, purgatorium, celum differre, sicut desperatio probe deperatio, decuritas differunt.

17. Necassarium videtur animabus in purgatorio sciut minui horrorem, ita ugeri charitatem.

8. Die kirchlichen Bestimmungen über die Buße sind nur für die Lebenden verbindlich, den Sterbenden darf demgemäß nichts auferlegt werden.
9. Daher handelt der Heilige Geist, der durch den Papst wirkt, uns gegenüber gut, wenn er in seinen Erlassen immer den Fall des Todes und der höchsten Not ausnimmt.
10. Unwissend und schlecht handeln diejenigen Priester, die den Sterbenden kirchliche Bußen für das Fegefeuer aufsparen.
11. Die Meinung, dass eine kirchliche Bußstrafe in eine Fegefeuerstrafe umgewandelt werden könne, ist ein Unkraut, das offenbar gesät worden ist, während die Bischöfe schliefen.
12. Früher wurden die kirchlichen Bußstrafen nicht nach, sondern vor der Absolution auferlegt, gleichsam als Prüfstein für die Aufrichtigkeit der Reue.
13. Die Sterbenden werden durch den Tod von allem gelöst, und für die kirchlichen Satzungen sind sie schon tot, weil sie von Rechts wegen davon befreit sind.
14. Ist die Haltung eines Sterbenden und die Liebe (Gott gegenüber) unvollkommen, so bringt ihm das notwendig große Furcht, und diese ist um so größer, je geringer jene ist.
15. Diese Furcht und dieser Schrecken genügen für sich allein – um von anderem zu schweigen –, die Pein des Fegefeuers auszumachen; denn sie kommen dem Grauen der Verzweiflung ganz nahe.
16. Es scheinen sich demnach Hölle, Fegefeuer und Himmel in der gleichen Weise zu unterscheiden wie Verzweiflung, annähernde Verzweiflung und Sicherheit.
17. Offenbar haben die Seelen im Fegefeuer die Mehrung der Liebe genauso nötig wie eine Minderung des Grauens.

18. Nec probatum videtur ullis aut rationibus aut scripturis, quod sint statum meriti seu augende charitatis.

19. Nec hoc probatum esse videtur, quod sint de sua betitudine certe et secure, saltem, licet nos certissimi simus.

20. Igitur papa per remissionem plenariam omnium penarum non simpliciter omnium intelligit, sed a seipso tantummodo imposarium.

21. Errant itaque indulgentiarum predicatres ii, qui dicunt per pape indulgentias hominem ab omni pena solvi et salvari.

22. Quin nullam remittit animabus in purgatorio, quam in hac vita debuissent secundum Canones solvere.

23. Si remissio ulla omnium omnino perarum potest alicui dari, certum est eam non nisi perfectissimis, i.e. paucissimis.

24. Falli ob id necesse est maiorem partem populi per indifferentem illam et magnificam pene solute promissionem.

25. Qualem potestatem habet papa in purgatorium generaliter, talem habet quilibet Episcorpus et Curatus in sua diocesi et parachia specialiter.

26. Optime facit papa, quod non potestate clavis (quam nullam habet) sed per modum suffragii dat animabus remissionem.

18. Offenbar ist es auch weder durch Vernunft- noch Schriftgründe erwiesen, dass sie sich außerhalb des Zustandes befinden, in dem sie Verdienste erwerben können oder in dem die Liebe zunehmen kann.
19. Offenbar ist auch dieses nicht erwiesen, dass sie – wenigstens nicht alle – ihrer Seligkeit sicher und gewiss sind, wenngleich wir ihrer völlig sicher sind.
20. Daher meint der Papst mit dem vollkommenen Erlass aller Strafen nicht einfach den Erlass sämtlicher Strafen, sondern nur derjenigen, die er selbst auferlegt hat.
21. Deshalb irren jene Ablassprediger, die sagen, dass durch die Ablässe des Papstes der Mensch von jeder Strafe frei und los werde.
22. Vielmehr erlässt er den Seelen im Fegefeuer keine einzige Strafe, die sie nach den kirchlichen Satzungen in diesem Leben hätten abbüßen müssen.
23. Wenn überhaupt irgendwem irgendein Erlass aller Strafen gewährt werden kann, dann gewiss allein den Vollkommensten, das heißt aber, ganz wenigen.
24. Deswegen wird zwangsläufig ein Großteil des Volkes durch jenes in Bausch und Bogen und großsprecherisch gegebene Versprechen des Straferlasses getäuscht.
25. Die gleiche Macht, die der Papst bezüglich des Fegefeuers im allgemeinen hat, besitzt jeder Bischof und jeder Seelsorger in seinem Bistum bzw. seinem Pfarrbezirk im besonderen.
26. Der Papst handelt sehr richtig, den Seelen (im Fegefeuer) die Vergebung nicht auf Grund seiner – ihm dafür nicht zur Verfügung stehenden – Schlüsselgewalt, sondern auf dem Wege der Fürbitte zuzuwenden.

27. Hominem predicant, qui statim ut iactus nummus in cistam tinnierit evolare dicunt animam.

28. Certum est, nummo in cistam tinniente augeri questum et avariciam posse: suffragium autem ecclesie est in arbitrio dei solius.

29. Quis scit, si omnes anime in purgatorio velint redimi, sicut de s. Severino et Paschali factum narratur.

30. Nullus securus est de veritate sue contritionis, multominus de consecutione plarie remissionis.

31. Quam rarus est vere penitens, tam rarus est vere indulgentias redimens, i.e. rarissimus.

32. Damnabuntur ineternum cum suis magistris, qui per literas veniarum securos sese credunt de sua salute.

33. Cavendi sunt nimis, qui dicunt venias illas Pape donum esse illud dei inestimabile, quo reconciliatur homo deo.

34. Gratie enim ille veniales tantum respiciunt penas satisfactionis ab homine constitutas.

35. Non christiana predicant, qui docent, quod redempturis animas vel confessoinalia non sit necessaria contritio.

36. Quilibet christianus vere compunctus habet remissionem plenariam a pena et culpa etiam sine literis veniarum sibi debitam.

37. Quilibet verus christianus, sive vivus sive mortuus, habet participationem omnium bonorum Christi et Ecclesie etiam sine literis veniarum a deo sibi datum.

27. Menschenlehre verkündigen die, die sagen, dass die Seele (aus dem Fegefeuer) emporfliege, sobald das Geld im Kasten klingt.
28. Gewiss, sobald das Geld im Kasten klingt, können Gewinn und Habgier wachsen, aber die Fürbitte der Kirche steht allein auf dem Willen Gottes.
29. Wer weiß denn, ob alle Seelen im Fegefeuer losgekauft werden wollen, wie es beispielsweise beim heiligen Severin und Paschalis nicht der Fall gewesen sein soll.
30. Keiner ist der Echtheit seiner Reue gewiss, viel weniger, ob er völligen Erlass (der Sündenstrafe) erlangt hat.
31. So selten einer in rechter Weise Buße tut, so selten kauft einer in der rechten Weise Ablass, nämlich außerordentlich selten.
32. Wer glaubt, durch einen Ablaßbrief seines Heils gewiss sein zu können, wird auf ewig mit seinen Lehrmeistern verdammt werden.
33. Nicht genug kann man sich vor denen hüten, die den Ablass des Papstes jene unschätzbare Gabe Gottes nennen, durch die der Mensch mit Gott versöhnt werde.
34. Jene Ablassgnaden beziehen sich nämlich nur auf die von Menschen festgesetzten Strafen der sakramentalen Genugtuung.
35. Nicht christlich predigen die, die lehren, dass für die, die Seelen (aus dem Fegefeuer) loskaufen oder Beichtbriefe erwerben, Reue nicht nötig sei.
36. Jeder Christ, der wirklich bereut, hat Anspruch auf völligen Erlass von Strafe und Schuld, auch ohne Ablassbrief.
37. Jeder wahre Christ, sei er lebendig oder tot, hat Anteil an allen Gütern Christi und der Kirche, von Gott ihm auch ohne Ablassbrief gegeben.

38. Remissio tamen et participatio Pape nullo modo est contemnende, quia (vt dixi) est declaratio remissionis divine.

39. Difficillium est etiam doctissimis Theologis simul extollere veniarum largitatem et contritionis veritatem coram populo.

40. Contritionis veritas penas querit et amat, Veniarum autem largitas relaxat et odisse facit, saltem occasione.

41. Caute sunt venie apostolice predicande, ne polulus false intelligat eas preferri ceteris bonis operibus charitatis.

42. Docendi sunt christiani, quod Pape mens non est redemptionem veniarum ulla ex parte comparandam esse operibus misericordie.

43. Docendi sunt christiani, quod dans pauperi aut mutuans egenti melius facit quam si venias redimeret.

44. Quia per opus charitatis crescit et fit homo melior, sed per venias non fit melior sed tantummode a pena liberior.

45. Docendi sunt christiani, quod, qui videt egenum et neglecto eo dat pro veniis, non indulgentias Pape sed indignattionem dei sibi vendicat.

46. Docendi sunt christiani, quod nisi superfluis abendent nessaria tenentur domui sue retinere et nequaquam propter venias effundere.

47. Docendi sunt christiani, quod redemptio veniarum est libera, non precepta.

38. Doch dürfen der Erlass und der Anteil (an den genannten Gütern), die der Papst vermittelt, keineswegs geringgeachtet werden, weil sie – wie ich schon sagte – die Erklärung der göttlichen Vergebung darstellen.
39. Auch den gelehrtesten Theologen dürfte es sehr schwerfallen, vor dem Volk zugleich die Fülle der Ablässe und die Aufrichtigkeit der Reue zu rühmen.
40. Aufrichtige Reue begehrt und liebt die Strafe. Die Fülle der Ablässe aber macht gleichgültig und lehrt sie hassen, wenigstens legt sie das nahe.
41. Nur mit Vorsicht darf der apostolische Ablass gepredigt werden, damit das Volk nicht fälschlicherweise meint, er sei anderen guten Werken der Liebe vorzuziehen.
42. Man soll die Christen lehren: Die Meinung des Papstes ist es nicht, dass der Erwerb von Ablass in irgendeiner Weise mit Werken der Barmherzigkeit zu vergleichen sei.
43. Man soll den Christen lehren: Dem Armen zu geben oder dem Bedürftigen zu leihen ist besser, als Ablass zu kaufen.
44. Denn durch ein Werk der Liebe wächst die Liebe und wird der Mensch besser, aber durch Ablass wird er nicht besser, sondern nur teilweise von der Strafe befreit.
45. Man soll die Christen lehren: Wer einen Bedürftigen sieht, ihn übergeht und statt dessen für den Ablass gibt, kauft nicht den Ablass des Papstes, sondern handelt sich den Zorn Gottes ein.
46. Man soll die Christen lehren: Die, die nicht im Überfluss leben, sollen das Lebensnotwendige für ihr Hauswesen behalten und keinesfalls für den Ablass verschwenden.
47. Man soll die Christen lehren: Der Kauf von Ablass ist eine freiwillige Angelegenheit, nicht geboten.

48. Docendi sunt christiani, quod Papa sicut magis eget ita magis optat in veniis dandis pro se devotam orationem quam promptam pecuniam.
49. Docendi sunt christiani, quod venie Pape sunt utiles, si non in eas confidant, Sed nocentissime, si timorem dei per eas amittant.
50. Docendi sunt christiani, quod, si Papa nosset exactiones venialium predicatorum, mallet Basilicam s. Petri in cineres ire quam edificari cute, carne et ossibus ovium suarum.

51. Docendi sunt christiani, quod Papa sicut debet ita vellet, etiam vendita (si opus sit) Basilica s. Petri, de suis penecuniis dare illis, a quorum plurimis quidam concionatores veniarum pecuniam eliciunt.
52. Vana est fiducia salutis per literas veniarum, etiam si Commissarius, immo Papa ipse suam animam pro illis impigneraret.

53. Hostes Christi et Pape sunt ii, qui propter venias predicandas verbum dei in aliis ecclesiis penitus silere iubent.

54. Iniuria fit verbo dei, dum in eodem sermone equale ver lonius tempus impenditur veniis quam illi.

55. Mens Pape necessario est, quod, si venie (quod minimum est) una campana, unis pompis et ceremoniis celebrantur, Euangelium (quod maximum est) centum campanis, centrum pompis, centrum ceremoniis predicetur.

56. Thesauri ecclesie, unde Papa dat indulgentias, neque satis nominati sunt neque condniti apud populum Christi.

48. Man soll die Christen lehren: Der Papst hat bei der Erteilung von Ablass ein für ihn dargebrachtes Gebet nötiger und wünscht es deshalb auch mehr als zur Verfügung gestelltes Geld.
49. Man soll die Christen lehren: Der Ablass des Papstes ist nützlich, wenn man nicht sein Vertrauen darauf setzt, aber sehr schädlich, falls man darüber die Furcht Gottes fahrenlässt.
50. Man soll die Christen lehren: Wenn der Papst die Erpressungsmethoden der Ablassprediger wüsste, sähe er lieber die Peterskirche in Asche sinken, als dass sie mit Haut, Fleisch und Knochen seiner Schafe erbaut würde.
51. Man soll die Christen lehren: Der Papst wäre, wie es seine Pflicht ist, bereit – wenn nötig –, die Peterskirche zu verkaufen, um von seinem Gelde einen großen Teil jener zu geben, denen gewisse Ablassprediger das Geld aus der Tasche holen.
52. Auf Grund eines Ablassbriefes das Heil zu erwarten ist eitel, auch wenn der (Ablass-) Kommissar, ja der Papst selbst ihre Seelen dafür verpfändeten.
53. Die anordnen, dass um der Ablasspredigt willen das Wort Gottes in den umliegenden Kirchen völlig zum Schweigen komme, sind Feinde Christi und des Papstes.
54. Dem Wort Gottes geschieht Unrecht, wenn in ein und derselben Predigt auf den Ablass die gleiche oder längere Zeit verwendet wird als für jenes.
55. Die Meinung des Papstes ist unbedingt die: Wenn der Ablass – als das Geringste – mit einer Glocke, einer Prozession und einem Gottesdienst gefeiert wird, sollte das Evangelium – als das Höchste – mit hundert Glocken, hundert Prozessionen und hundert Gottesdiensten gepredigt werden.
56. Der Schatz der Kirche, aus dem der Papst den Ablass austeilt, ist bei dem Volke Christi weder genügend genannt noch bekannt.

57. Temporales certe non esse patet, quod non tam facile eos profundunt, sed tentummodo colligunt multi concionatorum.

58. Nec sunt merita Christi et sanctorum, quia hec semper sine Papa operantur graniam hominus interioris et crusem, mortem infernumque exterioris.

59. Thesauros ecclesie s. Laurentius dixit esse pauperes ecclesie, sed locutus est usu vocabuli suo tempore.

60. Sine temeritate dicimus claves ecclesie (merito Christi donatas) esse thesaurum istum.

61. Clarum est enim, quod ad remissionem penarum et casuum sola sufficit potestas Papa.

62. Verus thesaurus ecclesie est sacrosanctum euangelium glorie et gratie dei.
63. Hic autem est merito odiosissimus, quia ex primis facit novissimos.
64. Thesaurus autem indulgentiarum merito est gratissimus, quia ex novissimis facit primos.
65. Igitur thesauri Euangelici rhetia sunt, quibus olim piscabantur viros divitiarum.
66. Thesauri indulgentiarum rhetia sunt, quibus nunc piscantur divitias virorum.
67. Indulgentie, quas concionatores vociferantur maximas gratias, intelliguntur vere tales quod questum promovendum.

57. Offenbar besteht er nicht in zeitlichen Gütern, denn die würden viele von den Predigern nicht so leicht mit vollen Händen austeilen, sondern bloß sammeln.
58. Er besteht aber auch nicht aus den Verdiensten Christi und der Heiligen, weil diese dauernd ohne den Papst Gnade für den inwendigen Menschen sowie Kreuz, Tod und Hölle für den äußeren bewirken.
59. Der heilige Laurentius hat gesagt, dass der Schatz der Kirche ihre Armen seien, aber die Verwendung dieses Begriffes entsprach der Auffassung seiner Zeit.
60. Wohlbegründet sagen wir, dass die Schlüssel der Kirche – die ihr durch das Verdienst Christi geschenkt sind – jenen Schatz darstellen.
61. Selbstverständlich genügt die Gewalt des Papstes allein zum Erlass von Strafen und zur Vergebung in besondern, ihm vorbehaltenen Fällen.
62. Der wahre Schatz der Kirche ist das allerheiligste Evangelium von der Herrlichkeit und Gnade Gottes.
63. Dieser ist zu Recht allgemein verhasst, weil er aus Ersten Letzte macht.
64. Der Schatz des Ablasses jedoch ist zu Recht außerordentlich beliebt, weil er aus Letzten Erste macht.
65. Also ist der Schatz des Evangeliums das Netz, mit dem man einst die Besitzer von Reichtum fing.
66. Der Schatz des Ablasses ist das Netz, mit dem man jetzt den Reichtum von Besitzenden fängt.
67. Der Ablass, den die Ablassprediger lautstark als außerordentliche Gnaden anpreisen, kann tatsächlich dafür gelten, was das gute Geschäft anbelangt.

68. Sunt tatem re vera minime ad gratia dei et crucis pitatem comparate.
69. Tentur Episcopi et Curati veniarum apostolicarum Commissarios cum omni reverentia admittere.
70. Sed magis tenentur omnibus oculis intendere, omnibus auribus advertere, ne pro commissione Pape sua illi somnia predicent.

71. Contra veniarum apostolicarum veritatem qui loquitur, sit ille anathema et maladictus.
72. Qui vero contra libidinem ec licentiam verborum Concionatoris veniarum curam agit, sit ille benedictus.
73. Sicut Papa iuste fulminat eos, qui in fraudem negocii veniarum quacunque atre machinantur.

74. Multomagis fulminare intendit eos, qui per veniarum pretextum in fraudem sancte charitatis et veritatis machinantur.

75. Opinari venias papales tantas esse, ut solvere possint hominem, etiam si quis per impossible dei genitricem violasset, Est insanire.

76. Dicimus contra, quod venie papales nec minimum venialium peccatorum tollere possint quo ad culpam.

77. Quod dicitur, nec si s. Petrus modo Papa esset maiores gratias donare posset, est blasphemia in sanctum Petrum et Papum.

78. Dicimus contra, quod etiam iste et quilibet papa maiores habet, scilicet Euangelium, virtutes, gratias curationum etc. ut 1. Co. xij.

68. Doch sind sie, verglichen mit der Gnade Gottes und der Verehrung des Kreuzes, in der Tat ganz geringfügig.
69. Die Bischöfe und Pfarrer sind gehalten, die Kommissare des apostolischen Ablasses mit aller Ehrerbietung zuzulassen.
70. Aber noch mehr sind sie gehalten, Augen und Ohren anzustrengen, dass jene nicht anstelle des päpstlichen Auftrags ihre eigenen Phantastereien predigen.
71. Wer gegen die Wahrheit des apostolischen Ablasses spricht, der sei verworfen und verflucht.
72. Aber wer gegen die Zügellosigkeit und Frechheit der Worte der Ablassprediger auftritt, der sei gesegnet.
73. Wie der Papst zu Recht seinen Bannstrahl gegen diejenigen schleudert, die hinsichtlich des Ablassgeschäftes auf mannigfache Weise Betrug ersinnen,
74. so will er viel mehr den Bannstrahl gegen diejenigen schleudern, die unter dem Vorwand des Ablasses auf Betrug hinsichtlich der heiligen Liebe und Wahrheit sinnen.
75. Es ist irrsinnig zu meinen, dass der päpstliche Ablass mächtig genug sei, einen Menschen loszusprechen, auch wenn er – was ja unmöglich ist – der Gottesgebärerin Gewalt angetan hätte.
76. Wir behaupten dagegen, dass der päpstliche Ablass auch nicht die geringste lässliche Sünde wegnehmen kann, was deren Schuld betrifft.
77. Wenn es heißt, auch der heilige Petrus könnte, wenn er jetzt Papst wäre, keine größeren Gnaden austeilen, so ist das eine Lästerung des heiligen Petrus und des Papstes.
78. Wir behaupten dagegen, dass dieser wie jeder beliebige Papst größere hat, nämlich das Evangelium, „Geisteskräfte und Gaben, gesund zu machen“ usw., wie es 1. Kor. 12 heißt.

79. Dicere, Crucem armis papalibus insighiter erectam cruci Christi equivalere, blasphemia est.

80. Rationem reddent Episcopi, Curati et Theologi, Qui tales sermones in populum licere sinunt.

81. Facit hec licentiosa veniarum predicatio, ut nec reverentiam Pape facile sit etiam doctis viris redimere a calumniis aut certe argutis questionibus laicorum.

82. Scilicet. Cur Papa non evacuat purgatorium propter sanctissiman charitatem et summam animarum necessitatem ut sausem omnium iustissimam, Si infinitas animas redimit propter pecuniam funestissimam ad structuram Basilice ut causam levissimam?

83. Item. Cur permanent exequie et anniversaria defunctorum et non reddit aut recipi permittit beneficia pro illis instituta, cum iam sit iniura pro redemptis orare?

84. Item. Que illa nova pietas Dei et Pape, quod impio et inimico propter pecuniam concedunt animam piam et amisam dei redimere, Et tatem propter necssitatem ipsius met pie et dilecte anime non redimunt eam gratuita charitate?

85. Item. Cur Canones penitentiales re ipsa et non usu iam diu in senet abrogati at mortui adhuc tatem pecuniis redimuntur per concessionem indulgentiarum tanquam vivacissimi?

79. Es ist Gotteslästerung zu sagen, dass das (in den Kirchen) an hervorragender Stelle errichtete (Ablass-) Kreuz, das mit dem päpstlichen Wappen versehen ist, dem Kreuz Christi gleichkäme.

80. Bischöfe, Pfarrer und Theologen, die dulden, dass man dem Volk solche Predigt bietet, werden dafür Rechenschaft ablegen müssen.

81. Diese freche Ablasspredigt macht es auch gelehrten Männern nicht leicht, das Ansehen des Papstes vor böswilliger Kritik oder sogar vor spitzfindigen Fragen der Laien zu schützen.

82. Zum Beispiel: Warum räumt der Papst nicht das Fegefeuer aus um der heiligsten Liebe und höchsten Not der Seelen willen – als aus einem wirklich triftigen Grund –, da er doch unzählige Seelen loskauft um des unheilvollen Geldes zum Bau einer Kirche willen – als aus einem sehr fadenscheinigen Grund?

83. Oder: Warum bleiben die Totenmessen sowie Jahrfeiern für die Verstorbenen bestehen, und warum gibt er (der Papst) nicht die Stiftungen, die dafür gemacht worden sind, zurück oder gestattet ihre Rückgabe,wenn es schon ein Unrecht ist, für die Losgekauften zu beten?

84. Oder: Was ist das für eine neue Frömmigkeit vor Gott und dem Papst, dass sie einem Gottlosen und Feinde erlauben, für sein Geld eine fromme und von Gott geliebte Seele loszukaufen; doch um der eigenen Not dieser frommen und geliebten Seele willen erlösen sie diese nicht aus frei geschenkter Liebe?

85. Oder: Warum werden die kirchlichen Bußsatzungen, die „tatsächlich und durch Nichtgebrauch“ an sich längst abgeschafft und tot sind, doch noch immer durch die Gewährung von Ablass mit Geld abgelöst, als wären sie höchst lebendig?

86. Item. Cur Papa, cuius opes hodie sunt opulentissimis Crassis crassiores, non de suis pecuniis magis quam pauperum fidelium struit unam tantummodo Basilicam sancti Petri?

87. Item. Quid remittit aut patricipat Papa iis, qui per contritionem perfectam ius habent plenarie remissionis et participationis?

88. Item. Quid adderetur ecclesie boni maioris, Si Papa, sicut semel facit, ita centries in die culibet fidelium has remissiones et participationes tribueret?

89. Ex quo Papa salutem querit animarum per venias magis quam pecunias, Cur suspendit literas et venias iam olim concessas, cum sint eque efficaces?

90. Hec scrupulosissima laicorum argumenta sola potestate compescere nec reddita ratione diluere, Est ecclesiam et Papam hostibus ridendos exponere et infelices christianos facere.

91. Si ergo venie secundum spiritum et mentem Pape predicarebtur, facile illa omnia solverentur, immo non esset.

92. Valeant itaque omnes illi prophete, qui dicunt populo Chrsti ‚Pax pax', et non est pax.

93. Bene agant omnes illi prophete, qui discunt populo Christi ‚Crux crux', et non est crux.

94. Exhortandi sunt Christiani, ut caput suum Christum per penas, mortes infernosque sequi studeant,

95. Ac sic magis per multas tribulationes intrare celum quam per securitatem pacis confidant.

1517 (1)

86. Oder: Warum baut der Papst, der heute reicher ist als der reichste Crassus, nicht wenigstens die eine Kirche St. Peter lieber von seinem eigenen Geld als dem der armen Gläubigen?
87. Oder: Was erlässt der Papst oder woran gibt er denen Anteil, die durch vollkommene Reue ein Anrecht haben auf völligen Erlass und völlige Teilhabe?
88. Oder: Was könnte der Kirche Besseres geschehen, als wenn der Papst, wie er es (jetzt) einmal tut, hundertmal am Tage jedem Gläubigen diesen Erlass und diese Teilhabe zukommen ließe?
89. Wieso sucht der Papst durch den Ablass das Heil der Seelen mehr als das Geld; warum hebt er früher gewährte Briefe und Ablässe jetzt auf, die doch ebenso wirksam sind?
90. Diese äußerst peinlichen Einwände der Laien nur mit Gewalt zu unterdrücken und nicht durch vernünftige Gegenargumente zu beseitigen heißt, die Kirche und den Papst dem Gelächter der Feinde auszusetzen und die Christenheit unglücklich zu machen.
91. Wenn daher der Ablass dem Geiste und der Auffassung des Papstes gemäß gepredigt würde, lösten sich diese (Einwände) alle ohne weiteres auf, ja es gäbe sie überhaupt nicht.
92. Darum weg mit allen jenen Propheten, die den Christen predigen: „Friede, Friede", und ist doch kein Friede.
93. Wohl möge es gehen allen den Propheten, die den Christen predigen: „Kreuz, Kreuz", und ist doch kein Kreuz.
94. Man soll die Christen ermutigen, dass sie ihrem Haupt Christus durch Strafen, Tod und Hölle nachzufolgen trachten
95. und dass die lieber darauf trauen, durch viele Trübsale ins Himmelreich einzugehen, als sich in falscher geistlicher Sicherheit zu beruhigen.

In These 1 stellt Luther die Buße als ständige Hinwendung zu Gott heraus. Die folgenden Thesen betonen, dass Jesu Aufforderung zur Buße nicht das Bußsakrament meint. These 5 klärt, dass der Papst nur durch ihn verhängte oder allgemeinrechtliche Strafen erlassen kann. Der Papst hat keine Macht über die Seelen der Verstorbenen. Luther unterstreicht in These 8, dass keine kirchliche Autorität jenseits der Todesgrenze Vollmacht hat.

Entschieden wendet sich Luther gegen den Kauf des Ablassbriefes, weil dieser falsche Sicherheit vorgaukelt. Vielmehr ist aufrichtige Reue der Grund der Vergebung. Nach These 37 hat jeder „wahre Christ" Anteil an allen Gütern des Christus, weil sie ihm von Gott gegeben werden.

Luther trennt in der Buße zwischen Vergebung und Straferlass. „Aufrichtige Reue begeht und liebt die Strafe." (These 40) In These 74 fordert Luther den Papst auf, den Missbrauch durch die Ablasshändler zu verbieten.

Luther hat in den 95 Thesen nicht den Papst angegriffen, sondern zu einem vernünftigen Gottesdienst und zur Verkündigung des Evangeliums aufgerufen. Gerade die Thesen 42–51 beginnen mit den Worten: „Man soll die Christen lehren …"

Mit der Veröffentlichung der 95 Thesen rief Dr. Martin Luther zur Aufrichtung der Herrschaft Jesu Christi in der römischen Kirche. Ausgehend von seiner biblischen Erkenntnis hebt Luther die eingeführte Gewaltenteilung in der Buß- und Beichtpraxis zwischen Gott und Mensch auf. Für ihn ist Christus allein der Herr der Kirche. Christi Ruf zur Buße umfasst das ganze menschliche Leben und lässt sich nicht durch Teilbuße abspeisen. Jeder, der das Evangelium von Jesus Christus ergriffen hat, erlebt und begeht die Buße im Sinne Jesu Christi, der die Schlüssel der Hölle und des Todes in seiner Hand hat. Die Gewalt des Papstes greift nicht über die menschliche Todesgrenze hinaus. Christus hat das Heil und er allein schenkt völlige Vergebung der Sünden. Nicht kirchlich-menschliche Gestaltung des Ablasses gibt die Gewissheit der Sündenvergebung, sondern der Glaube an Christus und an die schenkende Rechtfertigung Gottes. Der gläubige Christ hat auch ohne den Ablass durch den Glauben Teilhabe an den geistlichen Gütern der Kirche. Luther füllt die Begriffe von Beichte und Buße inhaltlich durch die Verkündigung des Wortes Gottes als Zuspruch Gottes an den Menschen. Dem barmherzigen Gott allein ist in der Kirche die Ehre zu geben, und Christus, der Sohn Gottes, ist ihr Herr.

Die Bischöfe haben das Amt und die Aufgabe, über die Verkündigung zu wachen und die Irreführung der Gläubigen durch Ablassprediger abzuwehren. Entschieden wendet sich Luther dagegen, die Verkündigung des Wortes Gottes durch die Ablasspredigt in der Kirche zu ersetzen. Für ihn kann der Mensch ohne Messe und Ablass leben, nicht ohne das Wort Gottes, auf dem die Kirche gründet. Mit ihm hat die Kirche die angefochtenen und bedrängten Seelen zu trösten und sie von Gewissensqualen zu erlösen. Mit der Reformation als Erinnerung an das Evangelium als Grund der Kirche verweist er die Bischöfe wieder auf ihre eigentliche Aufgabe des Predigtdienstes und der Seelsorge. Denn Christus verlangt vom Gläubigen die ganze Liebe, die er ihm durch sein Wort in der Predigt gibt. Seine Gebote wiegen mehr als jegliche Menschensatzungen.

Durch seine 95 Thesen über Buße und Ablass leitete Luther eine Erneuerung der Kirche durch die Rückbesinnung auf das Evangelium von Jesus Christus ein. Für Luther bleibt in diesem Sinne trotzdem der Priester Gottes „Vikar", der die Schuld dem bereuenden

Sünder vergeben darf. Fest steht für Dr. Martin Luther, dass der Papst und die Kirche nur dann in der Vollmacht Christi handeln, wenn sie in seinem Geist in der Kirche gegenüber den Gläubigen handeln.

Seine 95 Thesen von 1517 waren, wie es schon in ihrer Einleitung heißt, als Disputationsthesen (= Diskussionsthesen) zu einem theologischen Meinungsaustausch unter den Universitätstheologen gedacht. Sie wurden aufgrund ihrer Brisanz durch die aufkommende Buchdruckerkunst in „Windeseile“ im deutschen Reich verbreitet und fanden bei manchen Theologen und vielen Humanisten Anerkennung. 1518 veröffentlichte Luther die 95 Thesen mit Anmerkungen, bekannt unter dem Namen „Resolutionen“ (= Erläuterungen). (2)

7. Von den guten Werken 1520: Luthers Ethik

Durch Luthers 95 Thesen wurde die Buß- und Beichtpraxis der römischen Kirche als das die Gewissen der Gläubigen belastende seelsorgerliche Element der Kirche herausgestellt. Die einseitige Betonung der Wiedergutmachung der durch die Sünden verursachten Schäden schien nach Luthers Erkenntnis den eigentlichen Sinn der Buß- und Beichtpraxis als Hilfe der angefochtenen menschlichen Seelen zu verfälschen. Durch die Veröffentlichung und Verbreitung der 95 Thesen erreichte Luther seine Absicht, neu über die Buß- und Beichtpraxis unter den Theologen und in der römischen Kirche nachzudenken. Seine Thesen und deren Inhalt erreichten die nach Heil fragenden Menschen und eröffneten ihnen ein neues Verständnis der biblischen Verkündigung und des persönlichen Glaubens an Gott und Jesus Christus. Gleichzeitig veränderte sich auch das sozialethische Verhalten der Gläubigen gegenüber der Kirche. Was die Gläubigen bisher im Sinne der Wiedergutmachung der zeitlichen Kirchenstrafen aufgrund der Absolution zahlten, wurde nicht mehr gezahlt. Aufgrund Luthers biblischer Verkündigung, dass der sündige Mensch „allein aus Glauben, allein aus Gnade und allein um Christi willen" von Gott die Rechtfertigung erhält, war keine Aufforderung zu menschlichen Dienstleistungen mehr gegeben. Die Gläubigen verstanden sehr wohl die Bedeutung von „gratia" (= Gnade) als „umsonst". Der barmherzige Gott lässt dem Glaubenden seine Rechtfertigung zukommen, d.h. er schenkt sie ihm. Der Glaube bestimmt nach Luthers biblisch-theologischer Erkenntnis das Verhältnis zwischen Gott und Menschen. Demnach ist es nicht mehr notwendig, gute Werke und Spenden zu geben. Es war wirklich so, dass mit der Verbreitung der 95 Thesen auch das Spendenaufkommen der Kirche rapide zurückging. Manche Kirchenbauten konnten nicht vollendet und die Unterstützung der Armen und Bettler nicht mehr geleistet werden. Luther wurde dafür die Schuld gegeben.

Luther sah sich genötigt, nicht nur seinen Kritikern in diesem Punkt zu antworten, sondern auch den Gläubigen zu sagen, in welcher Beziehung Glaube und gute Werke zueinander stehen. Deshalb begann er als Theologieprofessor und Gemeindepfarrer in Wittenberg seinen Gläubigen zu erklären, dass die guten Werke und Spenden eigentlich aus der geschenkten Liebe Gottes hervorgehen sollen. Die geistliche Liebe, die Gott dem Gläubigen schenkt, beantwortet dieser durch sein Tun aus der geschenkten Liebe Gottes. Leider haben seine Gemeindemitglieder diesen Gedanken nicht immer verstanden oder wollten nicht die geschenkte Liebe Gottes in die Tat umsetzen. Hingewiesen sei darauf, dass die Reformatoren sehr wohl ihre Gemeindemitglieder zum praktischen Tun aufgerufen und so den „Gemeinen Kasten", der für die Armen und Kranken Geld sammelte, geschaffen haben.

Durch Predigt und seine Schriften versuchte Luther, die Kirchenmitglieder zu einem praktischen Tun aus der Liebe Gottes zu erziehen. Er bemühte sich, ihr sozialethisches Interesse zu wecken. Dies tat er unter anderem mit der Schrift „Von den guten Werken" 1520. (1) Sie legt auch Luthers Ethikverständnis dar. Ethik ist im christlichen Sinne praktisches Tun der Liebe Gottes und das Halten seiner Gebote im Alltagsleben gegenüber sich selbst und seinen Mitmenschen. Luther erläuterte anhand seiner Auffassung von Gottes schenkender Rechtfertigung den Menschen gegenüber, wie „gute Werke" zu verstehen und wie sie zu praktizieren seien. Er geht in seiner Schrift „Von den guten Werken" von der Frage des reichen Jünglings an Jesus, Matthäus 19,16–22, aus: „Lehrer, was muss ich Gutes tun, um das ewige Leben zu bekommen?" – Jesus antwortete ihm: „Willst du selig werden, so halte die Gebote."

Dieses Gespräch Jesu mit dem reichen Jüngling ist für Luther die Grundlage einer biblisch begründeten Ethik. Er hat zunächst in Jesus als Gottes Sohn die Autorität, von der her er seine Ethik ausführt. Die philosophische Frage „Was ist gut?" wird nicht abstrakt gestellt und beantwortet, sondern ausgeführt von Gott her, der nach Matthäus 19,17 der Gute ist. Somit sind in Luthers Ethik der biblische Gott und seine Gebote der Ausgangspunkt der ethischen Darlegungen. In der Methode des Dialogs von Frage und Antwort entwickelt er anhand der 10 Gebote Gottes – 2. Moses 20,1–17 – seine biblisch-ethischen Ausführungen im Sinne der antiken philosophischen Ethiken und Tugendlehren. Luther bleibt seinem biblisch-theologischen Denken und Argumentieren treu. Für ihn steht der Mensch vor Gott, seinem Schöpfer, der ihm in seiner Barmherzigkeit die Gebote (Anweisungen) des Lebens gegeben hat.

Luthers ethische Ausführungen über das rechte menschliche Verhalten, das vom Glauben an Gott geprägt sein soll, sind seelsorgerlicher Art. Auf diese Weise bemüht sich Luther, seinen Zeitgenossen den Sinn von Glauben und Werken als ethisch-christliche Lebensanweisungen näherzubringen. Der Gottesglaube betrifft neben der Individualsphäre auch die Sozialsphäre. Der Glaube an Gott soll ganzheitliches Handeln und Verhalten, ganzheitliche Gesinnung und ganzheitliches Wollen eines Christen sein. Vom Glauben an Gott her beantwortet Jesus die philosophische Frage des Jünglings „Was ist für den Menschen gut?", und in diesem Sinne folgt Luther Jesus in seinen ethischen Darlegungen. Das Wort „gut" betrifft das Wohlbefinden des Individuums wie auch das der Gemeinschaft. Christliche Ethik ist nach Matthäus 5,48 zielgerichtet: „Darum sollt ihr vollkommen sein, gleichwie euer Vater im Himmel vollkommen ist." Diese Anweisung Jesu ist keine Überforderung des Menschen, sondern eine Lebensausrichtung für das persönliche wie auch für das gesellschaftliche Leben. Entscheidend ist für Luther, von welchem Geist das Wesen und das Handeln des Menschen für sich selbst und in der Gemeinschaft geprägt ist. Für den Gläubigen ist es Gottes Geist, der menschliches Leben bestimmen soll.

Für Luther hat Gott in den 10 Geboten bestimmt, was für den Menschen gut ist. Nach diesem Maßstab kritisiert er auch die von der römischen Kirche verlangten guten Werke zur Erlangung der Seligkeit und fragt: „Aus welchem Geist geschehen sie?" „Demnach müssen wir die Unterscheidung der guten Werke aus den Geboten Gottes lernen und nicht aus dem Schein, der Größe oder Menge der Werke selber, auch nicht aus dem Gutdünken der Menschen oder menschlichen Gesetze oder der Weise, wie wir sehen, dass es durch unsere Blindheit unter großer Verachtung göttlicher Gebote geschehen ist und noch immer geschieht." (2) Entschieden verwirft er ein

Handeln aus menschlichem „Gutdünken“ und dem augenblicklichen großen Schein der Werke. Vielmehr sollen sie nach Luther aus dem Glauben an Gottes Gebote (= 10 Gebote) geschehen. Er kann den Glauben an Christus ebenfalls als „gutes Werk“ benennen. Mit dieser Bezeichnung drückt Luther die persönliche Wechselbeziehung zwischen Glauben und Werken aus. „Das erste und höchste, alleredelste gute Werk ist der Glaube an Christus, wie es Johannes 6,28 sagt: ‚Das ist das göttliche gute Werk, dass ihr an den glaubt, den er gesandt hat ...‘ Denn in diesem Werk müssen alle Werke zusammengefasst sein und ihrer Gutheit Einfluss wie ein Lehen von ihm empfangen. Das müssen wir deutlich erklären, dass sie es begreifen können.“ (3) Die Glaubenseinsicht in das Heilsgeschehen Jesu Christi ist fortan für ihn das Motiv christlichen Lebens und Handelns. Somit ist Christus für den Glaubenden die Orientierung in seinem Tun und Leben.

In einem schriftlichen Dialog mit dem Leser erläutert Luther diese Aussagen über das Verhältnis von Glauben an Jesus und guten Werken. Für ihn sind Werke, die außerhalb des Glaubens geschehen, tot; denn sie sind nicht vom Geist Christi bestimmt. Gute Werke entspringen aus dem Glauben und dem guten Gewissen Gott gegenüber. „Daher kommt's: wenn ich den Glauben so sehr betone und solche ungläubigen Werke verwerfe, beschuldigen sie mich, ich verbiete gute Werke, obwohl ich doch gerne rechte gute Werke des Glaubens lehren wollte.“ (4) Mit diesem Satz hat Luther den Streitpunkt mit seinen Gegnern über Glauben und gute Werke aufgezeigt. Ihm geht es um den Glauben an den barmherzigen Gott in Jesus Christus als Ausgangspunkt der guten Werke. Für Luther könne der Mensch aus der Freiheit des Glaubens an Gott eigenverantwortlich gute Werke vollbringen. Diese von Luther dem Menschen zugestandene Glaubensverantwortung streiten ihm seine Gegner ab, weil sie ein anderes Glaubensbild des Menschen haben. Für sie müssen die Menschen auch als Christen geleitet und geführt werden und sind zum Handeln aus der recht verstandenen christlichen Freiheit unfähig. Bereits in seiner Schrift von 1520 spricht Luther im Sinne des Galaterbriefes, den er mehrmals kommentierte, von der „Freiheit eines Christenmenschen", die er in seinen großen Freiheitsschriften von 1520 ausführlich beschreibt. Für Luther ist die Freiheit eines Glaubenden nicht orientierungslos, sondern gründet in Christus. Aus der Bindung an Christus entspringt die christliche Verantwortung. Von diesem Ausgangspunkt sieht Luther das gesamte verantwortliche Tun des Menschen, angefangen vom Essen bis zum Handwerk, als gute Werke an. Er weitet den Begriff der „guten Werke" auf das ganze menschliche Handeln aus und fasst ihn nicht nur wie seine Kritiker nach den Kirchengeboten auf. Für Luther ist auch das Wirken im Alltagsleben Gottesdienst. Er nimmt die Schöpfungsordnung Gottes nach 1. Moses 1,26 ff. wieder auf und macht sie verbindlich als Gottesdienst für den Menschen im Alltagsleben. Luther beschränkt den Gottesdienst für den Gläubigen nicht nur auf die Kirche und die Klöster, sondern öffnet ihn für das verantwortliche menschliche Leben in der Welt. Für Luther sind die Bibelverse inhaltlich mit einer praktischen Anweisung gefüllt: „... denn alles dienet, was im Glauben geschehen, geredet, gedacht werden kann. So lehrt der Prediger 9,7." (5) Immer wieder betont Luther, dass ihm der Glaube (so) wichtig ist: „Siehe da aber, weshalb ich den Glauben so hoch erhebe, alle Werke (in ihn) hineinziehe und alle Werke verwerfe, die nicht da heraus fließen." (6) Auf diese Weise wird für Luther der Glauben an Gott der Maßstab zur Beurteilung der Werke. „Das lehret Paulus Römer 14,23: ‚Alles, was nicht aus oder im Glauben geschieht, das ist Sünde.'"

Luther urteilt über das Christsein, dass es vom Glauben und keinem anderen Werk bestimmt ist. Für ihn entspringen aus dem Glauben an das Heilsgeschehen Gottes in Jesus Christus das christliche Selbstverständnis wie auch die Werke. „Denn alle anderen Werke kann ein Heide, Jude, Türke, Sünder auch tun. Aber fest drauf trauen, dass es Gott wohlgefalle, ist keinem möglich als einem Christen, mit Gnaden erleuchtet und befestigt." (7)

In der Auslegung des ersten Glaubensartikels bedankt sich Luther, dass ihm Gott der Schöpfer „Leib und Seele, Augen, Ohren und alle Glieder, Vernunft und alle Sinne gegeben hat und noch erhält". Er spricht positiv vom Gebrauch der Vernunft zum logischen Erkennen und Denken. Entschieden verwirft er die Eigenmächtigkeit und Hybris der Vernunft und ihre zerstörerischen Folgen, weil ihr jede Bindung an Gott fehle. Für ihn hat die Vernunft eine dienende Funktion für den Menschen. Aus diesem Grund betont Luther den Glauben als Motiv für die guten Werke. Ihm geht es wiederum um die rechte Zuordnung von Glauben und Vernunft. Deshalb darf nicht „die blinde Vernunft und heidnische Kunst" über den Glauben an Gott gesetzt werden. Gott leitet den Menschen zu guten Werken durch den heiligen Geist, „wie Paulus Galater 3,22 sagt: ‚Ihr habt den Geist empfangen nicht aus euren guten Werken, sondern da ihr dem Wort Gottes geglaubt habt'". (8) Immer wieder betont Luther, dass ein Christenmensch, der in diesem Glauben lebt, gute Werke tun möge. Im Sinne von Römer 8,2 kann Luther sagen „Wo der Geist Christi ist, da ist alles frei." Aus diesem Grund lässt sich der Glaube an kein Werk binden. Ebenso lässt er sich aber auch keines nehmen, sondern, wie Psalm 1,3 sagt: „Er bringt seine Frucht zu seiner Zeit', das heißt, wie es kommt und gehet." (9) Luther unterstreicht damit die rechte Distanz und die Beziehung zwischen Glauben und Werk und führt das Eheleben als analoges

Beispiel an, dass in ihm aus Distanz und Nähe ein gutes Zusammenleben erwächst. Auf diese Weise gelingt es Luther, die rechte Haltung des Christenmenschen zu den Werken zu beschreiben.

Das erste Gebot sieht Luther als Höhepunkt und Grundlage für christliches Leben. „Ein Christenmensch, der in dieser Zuversicht gegen Gott lebt, weiß ebenso alle Dinge, vermag alle Dinge, nimmt alle Dinge auf sich, was zu tun ist, und tut alles fröhlich und frei, nicht um gute Verdienste und Werke zu sammeln, sondern weil es ihm eine Lust ist, Gott auf diese Weise gut zu gefallen; er dienet Gott ganz umsonst, daran zufrieden, dass es Gott gefällt." (10) Aus der Freiheit des Glaubenslebensverständnisses geschehen gute menschliche Werke zur Ehre Gottes und zum Dienst des Nächsten. Deshalb verurteilt Luther die Klosterwerke und alle anderen, die nach dem Kirchengesetz als Verdienste angesehen werden, um Gottes Gnade zu erlangen. Für Luther ist aufgrund seiner Glaubenserkenntnis der Weg umgekehrt: Der von Gott gerechtfertigte Mensch erbringt durch die Gnade Gottes gute Werke.

Luther weiß aus Erfahrung, dass es nicht immer im Christenleben fröhlich zugeht, sondern dass auch Leid und Schweres zu ertragen sind. Deshalb erinnert er den Glaubenden, an der Zuversicht auf Gott festzuhalten. Er zitiert aus dem Hohelied 2,9: „Siehe, er steht hinter der Wand und sieht durch das Fenster.' Das ist soviel wie hinter den Leiden, die uns gleich von ihm scheiden wollen, wie eine Wand, ja eine Mauer, steht er verborgen und sieht doch auf mich und lässt mich nicht. Denn er sieht und ist bereit, in Gnaden zu helfen, und durch die Fenster des dunklen Glaubens lässt er sich sehen." (11) Im glaubenden Vertrauen auf Gott gilt es, die Leiden und das Schwere zu ertragen.

Anhand des ersten Gebotes der 10 Gebote richtet Luther die guten Werke aus, die aus dem Glauben heraus entstehen sollen: „Siehe, das ist das Werk des ersten Gebotes, da 2. Moses 20,3 geboten ist: ‚Du sollst nicht andere Götter haben.' Das ist soviel gesagt wie: dieweil ich allein Gott bin, sollst du auch auf mich allein deine ganze Zuversicht, Vertrauen und Glauben setzen und auf niemand anders. Denn das heißt nicht einen Gott haben, was du äußerlich mit dem Mund Gott nennest oder mit Knien und Gebärden anbetest, sondern wenn du ihm vom Herzen trauest und dich alles Guten, aller Gnade und Wohlgefallens von ihm versiehst, es sei in Werken oder Leiden, im Leben oder Sterben, in Lieb oder Leid. (Das ist so) wie der Herr Christus Johannes 4,24 zu der heidnischen Frau sagt: ‚Ich sage dir, wer Gott anbeten will, der muss ihn im Geist und in der Wahrheit anbeten.' Und dieser Glaube, Treue, Zuversicht des Herzens von Grund auf ist wahrhaftige Erfüllung dieses ersten Gebotes, ohne welchen sonst kein Werk ist, das diesem Gebot genugtun kann." (12)

Bereits Jesus bestimmt laut Luther des Menschen Selbstverständnis aus dem Glauben an Gott. Denn immer hat er seine Jünger nach ihrem Glauben gefragt. So Lukas 8,25. Aus diesem ersten Gebot fließen die anderen Gebote und werden durch dieses ausgerichtet. Deshalb ist für Luther der Glaube Gottes Werk, daraus müssen alle Werke fließen, gehen, bleiben, gerichtet und gemessen werden. Er benennt, in Anlehnung an Augustin, die Werke des ersten Gebotes: Glauben, Hoffen und Lieben. Wer als Christenmensch nicht so glaubt, der betreibt Abgötterei. Luther hält sich bei den Werken des Glaubens an Jesu Weisungen der Liebe und betont das „Wie" in der menschlichen Wechselbeziehung.

Auffallend ist immer wieder Luthers Wendung gegen die menschliche Werkgerechtigkeit. Durch seine Bibelkenntnis kann er betonen: „Der Gerechte wird aus Glauben leben", Römer 1,17. Die Werke eines Christenmenschen entspringen aus der von Gott erteilten Gerechtigkeit im Glauben. Die äußerlichen Werke des

Christen entspringen aus dem innerlichen Vertrauen zu Gott. (13) Zwischen Glauben und Werken besteht eine Wechselbeziehung. Die Beziehung und ihr Wechselverhältnis bestimmen auch christliche biblische Ethik. Deshalb warnt Luther vor falschen Propheten, die anders lehren, als Christus gesagt hat. Der an Christus Glaubende ist frei und sozial in seinem Tun. „Hier sehen wir, dass alle Werke und Dinge einem Christen durch seinen Glauben frei sind, und er aber doch, weil die anderen noch nicht glauben, mit ihnen trägt und hält, was er nicht schuldig ist. Das tut er aber aus Freiheit, denn er ist gewiss, es gefalle so Gott gut, und tut es gerne, nimmts an wie ein anderes freigestelltes Werk, das ihm ohne sein Erwählen vor die Hand kommt, dieweil er nicht mehr begehret und sucht, als wie er nun bewirke, Gott in seinem Glauben zu gefallen." (14)

Luther wusste, dass auch ein Christenmensch in und mit seinen Werken sündigt. Trotzdem darf er sich imWissen von der Gnade Gottes trösten. (15) Wichtig ist für den sündigen Christen die Kraft des Gebetes zu seiner Besserung. „So beten wir mit ganzer Zuversicht: ‚Vater unser', und bitten doch: ‚Vergib uns unsere Schuld', sind Kinder und doch Sünder, sind wohlgefällig und tun doch nicht genug. Das macht alles der in Gottes Huld befestigte Glaube." (16) Laut Luther verlässt sich der sündigende Glaubende im Gebet auf Christus, in dem ihm Gott seine Barmherzigkeit vorhält und anbietet, „ohne alle deine vorausgehenden Verdienste, und aus solchem Bild seiner Gnade (sollst du) den Glauben und die Zuversicht der Vergebung aller deiner Sünden schöpfen". (17) Aus der Barmherzigkeit Gottes und dem Glauben an Christus folgen die guten Werke; denn der heilige Geist wirkt durch das Hören des Evangeliums von Christus.

In seiner Schrift „Von den guten Werken" verhandelt Luther der Reihe nach an Hand des Dekalogs im Austausch mit dem Leser das Verständnis der guten Werke. „Das zweite und nächste Werk nach dem Glauben ist das Werk des zweiten Gebotes, dass wir Gottes Namen ehren und ihn nicht unnütz brauchen sollen, welches, gleichwie alle anderen Werke, ohne Glauben nicht geschehen kann; geschieht es aber ohne ihn, so ist es ein bloßes Gleißen und Schein. Nach dem Glauben vermögen wir nichts Größeres zu tun, als Gottes Lob, Ehre, Namen zu preisen, zu predigen, zu singen ..." (18) Auch bei der Auslegung des zweiten Gebotes und seiner Werke bindet sich Luther an die biblische Weisung: „Herr, tue meine Lippen auf, dass mein Mund deinen Ruhm verkünde", Psalm 51,17. Er denkt biblisch von Gott her und wendet sich gegen menschliches Streben nach Ehre, die in seinen Augen Sünde ist. „So wird dann der heilige Name Gottes durch unseren verfluchten Namen, unser eigenes Wohlgefallen und Ehrsuchen unnütz gebraucht und verunehret, der allein geehrt werden sollte. Welche Sünde ist vor Gott schwerer als Totschlag und Ehebruch? Aber die Bosheit dieser Sünde sieht man nicht so gut wie die des Totschlags um ihrer Subtilität willen: denn sie wird nicht im groben Fleisch, sondern im Geist vollbracht." (19) Trotz des Glaubens werden Christen nicht aus der Eigenverantwortung entlassen, sondern haben sich willentlich um einen guten Ruf zu bemühen. „Wir sollen fleißig sein, Gutes zu tun, nicht allein vor Gott, sondern auch vor allen Menschen, Römer 12,11 ff." Für Luther werden die rechten Tugenden der Menschen nur aus der Beziehung zu Gott und Christus mit Leben erfüllt.

Die Bewertung der guten Werke geschieht nach Luther aus dem rechten Verhältnis von Gottes Ehre und Menschenehre. Er geht damit auf die Frage ein: „Wie weit darf der Mensch seine Ehre betonen und wie weit darf er sich rühmen, also seinen Selbstruhm herausstellen?" Für Luther darf ein Mensch sein Selbstbewusstsein durch seine guten Werke zeigen, wenn er nach Matthäus 5,16

Gott allein dabei die Ehre und ihm das Lob belässt. Luther hat die Haltung, Gott die zu Ehre geben, mit dem Verb „fürchten" ausgedrückt und damit die Distanz zwischen Gott und Mensch herausgestellt. In diesem Sinn ist auch das Wort „fürchten" in den Auslegungen der einzelnen Gebote des Kleinen Katechismus „Wir sollen Gott fürchten und lieben, ..." zu verstehen. Für Luther bedeutet „Gott fürchten", ihm die Ehre (= Ehrfurcht) zu erweisen. Zwischen Gott und den Glaubenden besteht, der Interpretation Luthers nach, eine innige, fast „kindliche" Wechselbeziehung. Auf diese Weise hat er den Glauben als ein inniges Geschehen zwischen Gott und Menschen beschrieben. Der Vers Galater 2,20 drückt diese Wechselbeziehung zwischen Christus und dem Glaubenden so aus: „Ich lebe, aber doch nun nicht, sondern Christus lebt in mir. Denn was ich jetzt lebe im Fleisch, das lebe ich in dem Glauben des Sohnes Gottes, der mich geliebt hat und sich selbst für mich gegeben." Diese Aussage ist nicht im Sinne der Mystik als „Unio mystica" als Verschmelzung zwischen Mensch und Christus zu verstehen, sondern als neue Glaubensbestimmung des Menschen durch Christus. Er bleibt der Bestimmende für den Menschen. Aus diesem Grund kann Luther an Gott die Forderung stellen, er habe um seines Namens willen gegenüber einem sündigen Christen seine Barmherzigkeit zu zeigen: „Und Gott muss gleichsam mit anderen schweren Sünden dieser Sünde wehren, damit sein heiliger Name allein in Ehren bleibe." (20) Auch ein sündiger Mensch ist gegenüber Gott nicht aus seiner Verantwortung entlassen. Aus diesem Grund gilt dem Christenmenschen die Mahnung: „Du sollst nicht tun, was dich recht und gut dünkt, sondern was dein Gott dir geboten hat." (21) Im Halten der Gebote orientiert sich Luther an dem Glauben der Beter des Alten Testaments. Dieser erlaubt, Gottes Namen auch in der Not anzurufen. „So ganz besorgt ist er um uns, dass er uns lehre und treibe, seinen Namen zu ehren und anzurufen, Zuversicht und Glauben gegen ihn zu gewinnen und so die ersten zwei Gebote zu erfüllen." (22)

Luther führt immer weitergehend aus, dass Gott das Gute im Menschen bewirkt. Des Menschen Verantwortung ist, dass er sich nicht auf andere Kräfte und Mächte zu verlassen hat, sondern vielmehr soll er „den heiligen Namen Gottes wider alle schützen, die seiner in geistlicher Weise missbrauchen". Trotz aller Barmherzigkeit Gottes gegenüber seinen Glaubenden und deren Tun haben diese mit der Feindschaft der Mitmenschen zu rechnen: „Es werden euch feind sein um meines Namen willen alle Menschen", Matthäus 10,22. (23) Ganz realistisch sieht Luther den Glaubenden in der Welt mit ihren Gefahren. Er spricht ihn auf seine Eigenverantwortung an und betont mit Nachdruck: „Hier müssen wir zum Ersten allem Unrecht widerstehen, wo die Wahrheit oder Gerechtigkeit Gewalt und Not leidet, und dürfen dabei keinen Unterschied der Person machen, wie etliche tun, die gar fleißig und emsig für das Unrecht fechten, das den reichen gewaltigen Freunden geschieht, aber wo es den Armen oder Verachteten oder Feinden geschieht, sind sie ganz still und geduldig." (24) Es ist also Christenpflicht, für die Ehre Gottes zu kämpfen und dem Unrecht zu widerstehen. Auf die Frage „Warum tut es Gott nicht allein?" antwortet Luther: „Er will, dass wir mit ihm wirken und tut uns die Ehre an, dass er mit uns und durch uns sein Werk wirken will." (25) In diesem Sinne erblickt Luther den glaubenden Menschen als Mitarbeiter im Reich Gottes.

Luther bespricht die guten Werke an Hand des dritten Gebotes: „Du sollst den Feiertag heiligen!" (26) Mit den ersten drei Geboten regiert Gott den Menschen. Für Luther geschieht dies durch das innere Hören. Den durch das Wort erweckten Glauben gilt es im Herzen zu üben. Luther denkt dabei beispielhaft an die Einsetzungsworte des Abendmahls, in denen betont wird: „für euch gegeben“ und „für euch vergossen“. Sie sind als Zuspruch an den Glaubenden zu verstehen und zu bewahren. Luther weiß um den Glaubenszweifel und Unglauben des Christen gegenüber der Evangeliumsverkündigung. Beide Haltungen erzürnen Gott wegen des Zweifels an seiner im Abendmahl gemachten Heilszusage. Deshalb habe der Glaubende beim Empfang des Abendmahls eine offene glaubende Haltung gegenüber Gottes Zusage einzunehmen und Gottes gereichte Heilstat getrost zu glauben. „Deshalb soll und kann auch niemand mit Furcht bei der Messe sein; er sei denn betrübt und göttlicher Gnade begierig und wäre seine Sünde gern los; oder wenn er aber in bösem Vorsatz ist, dass er doch unter der Messe sich wandle und Verlangen nach diesem Testament gewinne. Darum ließ man vor Zeiten keinen öffentlichen Sünder bei der Messe sein.“ (27) Wenn der Glaubende sich seine Sünde vergegenwärtigt und so das Abendmahl empfängt, kann er fröhlich glauben. In diesem Sinne gilt es, die Predigt als existenziellen Zuspruch und als Anweisung zum Leben zu verstehen. Deshalb sieht Luther es als eine große Sünde an, das Evangelium nicht zu predigen.

Nach der Anleitung zum Hören des Wortes Gottes wendet sich Luther dem rechten Beten aus dem Glauben zu, im Sinne von Jakobus 1,6 ff.: „Wer da Gott bittet, der soll nicht zweifeln im Glauben, denn so er zweifelt, so denke er nicht, dass er etwas von Gott erlangt.“ (28) Aufgrund seiner biblischen Erkenntnis durch seine Psalmenauslegungen vor Theologiestudenten kritisiert Luther die vielen Gebete der Nonnen und Mönche im Kloster. Für ihn sind nicht die vielen Gebete von Nutzen, sondern nur das wirklich verstandene Gebet des Glaubenden. Auch das dritte Gebot sieht Luther als Ergänzung des ersten Gebotes an, „das ist des Glaubens, des Vertrauens, der Zuversicht, Hoffnung und Liebe zu Gott, auf dass das erste Gebot in allen Geboten der Hauptmann und der Glaube das Hauptwerk und Leben aller anderen Werke sei, ohne welche sie nicht gut sein können.“ (29) In seiner Gebetsbetrachtung dient Luther das Gebet vor Gott zur Selbsterkenntnis und zur Stärkung des Glaubens gegenüber allem Zweifel. Neben den eigenen Bedürfnissen im Gebet zu Gott hat der Glaubende auch seiner Mitmenschen im Sinne von 1. Timotheus 2,1 ff. zu gedenken: „Ich vermahne dich, dass du dafür sorgest, dass man bitte und flehe für alle Menschen, für die Könige und alle Obrigkeit, auf dass wir ein stilles, ruhiges Leben führen mögen in Gottes Dienst und Reinheit. Denn das ist gut und angenehm vor Gott, unserem Seligmacher.“ Im Sinne der Bibel wird das Gebet nicht nur zur persönlichen Bitte, sondern allumfassend für die Mitmenschen wie auch für die Obrigkeit (= Regierung). Im Gebet soll es um das Wohlergehen aller Menschen gehen.

Die 10 Gebote dienen Luther auch zum rechten Beten für das politische Geschehen. „Tust du das mit Fleiß, so sei gewiss, du bist der besten Streiter und Herzöge einer, nicht allein gegen die Türken, sondern auch gegen die Teufel und höllischen Gewalten ... Denn Christus wird am Jüngsten Tag nicht fragen, wie viel du für dich gebetet, gefastet, gewallfahret, dies oder das getan hast, sondern wie viel du den anderen, den Allergeringsten wohlgetan hast.“ (30) Für Luther ist die Intention der Gebote Gottes, den Christenmenschen zu „unserem Nächsten (zu) drängen, dass wir dadurch nur anderen zu ihrer Seligkeit nützlich seien, gleichwie Christus am Kreuz nicht für sich selbst allein, sondern mehr für uns bat, da er, Lukas 23,34, sprach: ‚Vater vergib ihnen, denn sie wissen nicht, was sie tun‘“. (31) An der Gebetshaltung Jesu für andere orientiert

Luther seine Aufforderung, für andere zu beten. Im Gebet vor Gott spielt sich die Wechselbeziehung des Menschen zu Gott und seinen Mitmenschen ab, wie sie bereits in den Geboten angelegt ist. Die Verkündigung, die Gebete wie auch die Gebote wollen den Christen auf die Wechselbeziehungen des menschlichen Lebens, „Ich – Du", „Ich – Es" und „Wir – Ihr" aufmerksam machen.

Das dritte Gebot begreift nach geistlichem Verständnis ein noch viel höheres Werk, welches die ganze Natur des Menschen in sich beschließt. Gemeint ist nach 1. Moses 2,3 die Ruhe. „Am siebten Tag hatte Gott sein Schöpfungswerk vollendet und ruhte von seiner Arbeit aus. Deshalb segnete er den siebten Tag und erklärte: ‚Dieser Tag ist heilig, er gehört mir.'" Der Glaubende kann es genauso wie Gott machen, der Ruhe pflegen und sich auf Gottes Wort einstellen. (32) Für Luther sieht eine Sonntagsfeier so aus: „... dass unsere Werke aufhören und Gott allein in uns wirke." (33) Am Sonntag als arbeitsfreiem Tag stürmen viele Gedanken auf den Menschen ein, die er sonst in den Arbeitstagen nicht hat. Gegen diese ihn bedrängenden Gedanken möge er im Sinne des Psalms 119,35.37 beten: „Herr, führe mich auf deinem Wege und lass mich nicht meine Wege gehen", und vor allem „Dein Reich komme". Mit diesen Worten kämpft der Glaubende nach Luther gegen das aufkommende Böse in ihm an.

Luther schlägt vor, neben dem Gebet zu Gott vor allem auch Übungen gegen die „Begierde des Fleisches" auszuführen, wie Fasten, Wachen und Arbeiten. Wiederum soll das Fasten nicht im Sinne der römischen Kirche verstanden werden, sondern dazu dienen, den Mutwillen des Körpers zu töten. (34) Auf diese Weise wird der Christenmensch als Beter zu einem Kämpfer gegen die Werke des Teufels. Auch wenn Luther viel vom Teufel sprach und von seiner Macht wusste, machte er ihn nicht zu einer eigenständigen Größe gegenüber Gott, sondern sah ihn im bösen Wirken gegen Gottes Werke. In Gottes Werken erkannte Luther Gottes Absicht, den Menschen zum Frieden mit sich selbst zu bringen. „Da führet der Mensch sich selbst nicht, da gelüstet es ihn selbst nicht, da betrübt ihn nichts, sondern Gott führet ihn selber, eitel göttliche Lust, Freude und Friede ist da mit allen anderen Werken und Tugenden." (35) Nach Luthers Auffassung bewirkt der barmherzige Gott durch seine dem Menschen geschenkte Gerechtigkeit alles in allem.

Luther empfiehlt den Glaubenden sich an Jesu Feiertagshaltung ein Beispiel zu nehmen. „Der (Jesus) hat am Sabbat den ganzen Feiertag gelegen, aller seiner Werke ledig, und als der erste dieses Gebot erfüllet, obwohl ohne Notwendigkeit für sich selbst, allein uns zum Trost, dass wir auch in allen Leiden und Sterben still sein und Frieden haben sollen." (36) Diese Feiertagshaltung soll im Glauben und nach den Geboten geschehen.

Vom Glauben an Gott und seiner Gerechtigkeit gegenüber den Menschen wendet sich Luther dem hohepriesterlichen Gebet Jesu, dem „Vaterunser", zu. Er versteht es als Auslegung der 10 Gebote. „Diese Ordnung der guten Werke bitten wir im Vaterunser. Das erste, was wir sagen, ist: ‚Vater unser, der du bist im Himmel.' Das sind Worte des ersten Werkes des Glaubens, der nach dem ersten Gebot nicht zweifelt, er habe einen gnädigen Gott und Vater im Himmel. Das zweite ist: ‚Dein Name werde geheiligt', darinnen der Glaube begehret, dass Gottes Name, Lob und Ehre gepriesen werde und denselben in aller Notdurft (= Not, Leiden und Krankheiten usw.) anrufet, wie das zweite Gebot lautet. Das dritte: ‚Dein Reich komme', darinnen wir den rechten Sabbat und Feierstille, Ruhe von unserm Werk erbitten, dass allein Gottes Werk in uns sei und Gott so in uns als in seinem eigenen Reich regiere, wie es Lukas 17,21 sagt: ‚Nehmet wahr, Gottes Reich ist nirgends als in euch selbst'. Das vierte Gebot: ‚Dein Wille geschehe', darinnen wir bitten, dass wir die sieben Gebote der zweiten Tafel halten und haben möchten, in welchen auch der Glaube gegen den Nächsten geübt wird, gleichwie er in diesen dreien in Werken allein gegen Gott geübt ist. Und das sind die Gebete, darinnen das Wörtlein ‚du' und ‚dein' drinnen steht, so dass dieselben nur suchen, was Gott angehöret. Die anderen sagen alle ‚unser', ‚uns', ‚unsern' usw. Denn da bitten wir um unsere Güter und Seligkeit. Und das sei von der ersten Tafel des Moses gesagt und den Einfältigen grob darüberhin die höchsten guten Werke angezeigt." (37)

Durch die biblische Erkenntnis der Rechtfertigung als der dem Menschen von Gott zugeeigneten Verteidigung (= Rechtfertigung) entwirft Luther, vom Glauben an den barmherzigen Gott in Jesus Christus ausgehend, eine neue Lebensordnung, „Ethik", die sich an den „10 Geboten" und dem „Vaterunser" ausrichtet. Mit der von Gott erhaltenen Berechtigung gewinnt der Mensch sein wahres christliches Selbstverständnis und sein Bestehen im Glauben, aus dem heraus er handelt, seine Werke für sich, in Gemeinschaft mit den anderen und in der Gesellschaft vollbringt.

Luther sieht den Menschen in diesen drei Beziehungsdimensionen: zu Gott, zu sich und zu seinen Mitmenschen. Er weiß, dass der Mensch wegen seiner Unvollkommenheit auch als Glaubender zweifelt und sündigt und der Vergebung Gottes bedarf. Dagegen kann er sich als Glaubender durch das Evangelium trösten lassen und in den Sakramenten den Zuspruch Gottes empfangen. In der Glaubensbeziehung zu Gott ist der Mensch trotz seiner Unvollkommenheit und seiner Zweifel nicht allein, sondern er wird von der in Christus geschenkten Barmherzigkeit Gottes im Glauben getragen. Für Luther führt der Glaubende sein Leben zu Ehre und

Lob Gottes und zum Dienst am Nächsten, nicht für die Kirche oder andere Mächte. Daher betont Luther um der Ehre Gottes willen „dein“ und nicht um der kirchlichen Leistungen wegen „unser“. Mit der Ausrichtung des Menschen auf Gott hat Luther nicht nur das Bild des Menschen und seines Selbstverständnisses, der Gesellschaft und der Kirche neu bestimmt, sondern eine biblische Ethik unabhängig von der philosophischen entworfen, die in das öffentliche Leben hineinwirken kann und soll. Die christlichen Werte und Tugenden sind in der Glaubensbeziehung durch den sich in Christus offenbarenden Gott inhaltlich gefüllt. Deshalb darf der Glaubende sie frei und öffentlich leben. Mit diesem Glaubensverhältnis zu Gott, das gleichzeitig auch auf den Mitmenschen ausgerichtet ist, hat Luther auch eine soziale demokratische Gesellschaftsordnung in die Wege geleitet. Für ihn und seine theologischen Freunde ist Theologie eine eminent praktische Angelegenheit des Alltags- und Gesellschaftslebens.

8. Dr. Martin Luthers Urteil über die Wirkungsgeschichte seiner 95 Thesen von 1517

Über die Wirkungsgeschichte der 95 Thesen schreibt Luther in „Wider Hans Worst“ 1541:

„Als nun viel Volk von Wittenberg dem Ablass gen Jüterbog und Zerbst usw. nachlief, und ich (so wahr mich mein Herr Christus erlöst hat) nicht wusste –, fing ich vorsichtig zu predigen an, man könnte wohl Besseres tun, das zuverlässiger wäre als Ablass lösen. Solch eine Predigt hatte ich auch zuvor hier auf dem Schlosse wider den Ablass gehalten und bei Herzog Friedrich damit schlechte Gnade verdient, denn er hatte sein Stift auch sehr lieb.

Nun – damit ich zur rechten Ursache des lutherischen ‚Aufruhrs' komme – ließ ich alles so gehen, wie es ging. Indessen kommt es vor mich, wie der Tetzel grä(e)ulich schreckliche Artikel gepredigt hatte, derer ich diesmal etliche nennen will, nämlich: ... (1)

Da schrieb ich einen Brief mit Thesen an den Bischof zu Magdeburg, vermahnte und bat, er wolle dem Tetzel Einhalt tun und solch ungehörige Sache zu predigen verbieten, es möchte Unheil daraus entstehen. Solches gebühre ihm als einem Erzbischof. Diesen Brief kann ich noch heute vorlegen. Aber mir ward keine Antwort ...

So gingen meine Thesen wider des Tetzels Artikel hinaus, wie man im Gedruckten wohl sehen mag. Dieselben liefen schier in vierzehn Tagen durch ganz Deutschland, denn alle Welt klagte über den Ablass, besonders über Tetzels Artikel. Und weil alle Bischöfe und Doktoren stillschwiegen und niemand der Katze die Schelle anbinden wollte ... da ward der Luther ein Doktor gerühmt, dass doch einmal einer gekommen wäre, der dareingriffe. Der Ruhm war mir nicht lieb, denn, wie gesagt, ich wusste selbst nicht, was der Ablass wäre, und das Lied wollte meiner Stimme zu hoch werden.

Dies ist der erste, rechte, gründliche Anfang des lutherischen ‚Aufruhrs'. Der andere Anfang dieses ‚Aufruhrs' ist der heiligste Vater Papst Leo mit seinem unzeitigen Bann. Dazu halfen Doktor Sau und alle Papisten, auch etliche grobe Esel, da jedermann zum Ritter an mir werden wollte, schrieb und schrie wider mich, was nur eine Feder regen konnte ...

Ich widmete ihm (= Papst Leo X.) die Resolutionen auch mit einer demütigen Schrift, und solch mein Buch gefiel auch vielen Kardinälen und Bischöfen sehr wohl. Denn ich war dazumal besser päpstlich gesinnt, als Mainz und Heinz selbst je gewesen sind noch werden mögen ...

Ist nun ein Aufruhr daraus geworden, der ihnen weh tut, dafür müssen sie sich bei sich selbst bedanken. Warum haben sie die Sache so unvernünftig und ungeschickt betrieben wider alle Rechte, Wahrheit, Schrift und ihre eigenen Dekrete? ...

Obwohl es nun, gottlob, an den Tag gekommen ist, wie der Ablass eine Teufelslüge ist, tun sie doch keine Buße, gedenken sich auch nicht zu bessern noch zu reformieren, sondern wollen mit dem blinden, bloßen Wort ‚Kirche' alle ihre Greuel verteidigen ..." (2)

In der Vorrede zu seiner lateinischen Werkausgabe von 1545 lobt Luther seinen Kurfürsten Friedrich den Weisen: „Daher versuchten sie (Kurie) ihn (Kurfürst Friedrich den Weisen) fortan nicht mehr. Denn auch die sogenannte Goldene Rose, die ihm im gleichen Jahr 1519 von Leo X. gesandt wurde, würdigte er keiner Ehre, sondern machte sich über sie lustig. So mussten die Romanisten an ihrem Vorhaben, einen so großen Fürsten zu täuschen, verzweifeln. Und das Evangelium hatte unter dem Schutz dieses Fürsten einen glücklichen Fortgang und fand weite Verbreitung. Sein Ansehen bestimmte sehr viele, da er als ein sehr weiser und scharfsichtiger Fürst nur bei gehässigen Leuten in den Verdacht geraten konnte, dass er Ketzerei und Ketzer hegen und schützen wolle. Dies tat dem Papst großen Abbruch." (3)

Luther erwähnt auch seinen theologischen Gegner in der Ablasssache, Johann Tetzel. „Er (= Karl von Miltitz, päpstlicher Gesandter) hatte aber den Johann Tetzel vom Predigerorden (= Dominikanerorden) zu sich rufen lassen, den Urheber dieser Tragödie. Diesen bis dahin für alle schrecklichen Menschen und unverwüstlichen Schreier hatte er durch Worte und Drohungen des Papstes so niedergeschmettert, dass er von da an dahinsiechte und endlich aus Herzenskummer starb. Als ich (Luther) davon hörte, habe ich ihn noch vor seinem Tode mit einem freundlichen Brief getröstet und ihn aufgefordert, guten Mutes zu sein und die Erinnerung an mich nicht zu fürchten. Aber er ist wohl an seinem (geängsteten) Gewissen und an der Ungnade des Papstes gestorben.

Karl von Miltitz hielt man für unfähig, seinen Rat für wertlos. Wenn aber der Mainzer von Anfang an, als ich ihn warnte, und der Papst, ehe er mich ungelöst verdammte und mit seinen Bullen wütete, zu dem Entschluss gekommen wäre, den Karl von Miltitz – freilich zu spät – fasste, und sofort das Wüten Tetzels unterdrückt hätte, dann wäre es meines Erachtens nicht zu einem so großen Tumult gekommen. Der Mainzer hat die ganze Schuld." (4)

Für Luther war sein Kampf gegen den Ablass und den Beichtzwang, wie er in der römischen Kirche geübt wurde, mit dem Erscheinen seiner Schrift „Von der Beichte" von 1521 abgeschlossen. Luther und Melanchthon widmeten sich der Aufgabe, das neu entstehende Kirchenwesen zu ordnen. Dies geschah in der Zeit bis 1530. Es wurden die Bibelübersetzung fertiggestellt, die deutsche Gottesdienstordnung mit ihren Liedern geschaffen, der Katechismus verfasst, Predigten veröffentlicht und 1530 die „Confesssio Augustana" als evangelisches Bekenntnis dem Kaiser und dem Reich auf dem Reichstag in Augsburg vorgelegt und von diesen angenommen. Beibehalten haben die Reformatoren die altkirchlichen Glaubensbekenntnisse und die zwei Sakramente, den Pfarrerstand, den Lehrerstand wie auch das „Almosenwesen" (Kirchgeld). Die Beichte und die Buße hat Luther in der evangelischen Kirche nicht abgeschafft, sondern, ausgehend vom Evangelium als Botschaft der zuteilenden Rechtfertigung Gottes an den Menschen, neu inhaltlich gefasst und nicht als Sakrament angesehen. Die Beichte behielt für das Erlösungsgeschehen des Menschen durch das Evangelium und in der Gottesdienstliturgie ihren wichtigen Platz. Das Neue, das aus dem Evangelium kommt, kann nur durch vorausgegangene Buße und Beichte wahrgenommen werden. Das Alte muss aus dem Menschen „gekehrt" werden, damit er sich dem Neuen öffnen kann. In diesem Sinne wird auch am Anfang der biblischen Evangelien vom Bußruf Johannes des Täufers berichtet und auf das Neue im Kommen Jesu Christi hingewiesen. Deshalb erfolgt am Anfang des Gemeindegottesdienstes in der Kirche die „allgemeine Beichte" mit den Kyrie-Rufen. Der gläubige Mensch bekennt sich vor Gott, dem Heiligen, schuldig und bittet ihn um Vergebung seiner Sünden, damit er das Neue des Evangeliums hören und begreifen kann.

Was Luther an der römischen Beicht- und Bußpraxis seiner Zeit störte und was er als Seelsorger schmerzlich empfand, war, wie er in der Kirchenpostille zum Epiphaniastag anmerkt, das unwürdige Verhalten der Bettelmönche in der Beichtpraxis, das „auf das furchtsame Herz der Weiber" ausgerichtet war. Dieses muss nach Luthers Meinung von einem „Erzhauptbuben" erdacht worden sein, der da gern „der Weiber Herz und Heimlichkeit" wissen wollte. (5) Luther wünschte, dass diesem Menschen sein Leib und seine Seele von allen Teufeln zerrissen und zerpulvert würde.

Die Neugestaltung der Beichte hat Luther in folgenden Schriften dargelegt: „Kurze Unterweisung, wie man beichten soll" 1519; „Von der Beichte, ob die der Papst Macht habe zu gebieten" 1521; „Sermon (= Predigt) von der Beichte und dem Sakrament" 1524; „Kurze Vermahnung zur Beichte" 1529 und vor allem in seinem „Kleinen Katechismus" für die Gemeindechristen und im „Großen Katechismus" für die Pfarrer.

Luther sieht es als wesentliches Merkmal eines Christen an, dass er beichtet. Luther will von seinem Gottesglauben her die

Beichte weit fassen. Er denkt nicht nur an eine kirchliche Beichthandlung, sondern er versteht auch die allgemeine Beichte als eine Erlösungshandlung Gottes, in der der Mensch seine Sünden bekennt und Gottes Gnade begehrt. Diese beiden Beichtanschauungen legt Luther in „Kurze Vermahnung zur Beichte“ von 1529 dar. „Eine solche Beichte soll und muss ohne Unterlass (= Unterbrechung) geschehen, solange ein Mensch lebt, weil er Sünder ist und um Gottes Gnade bitten soll und muss.“ Neben der Beichte vor Gott sieht Luther auch die Beichte gegenüber dem Mitmenschen als sehr wichtig an, indem man diesen um Abbitte für an ihm getanes Unrecht anspricht. In der Kirchenpostille der Evangelienreihe zur Predigt am Osterdienstag betont er: „Darum loben und behalten wir die Beichte nicht um ihrer selbst, sondern um der Absolution willen; das ist das güldene Kleinod darin, dass du da die Worte hörest dir verkündigen, so Christus befohlen hat dir und aller Welt zu predigen in seinem Namen, dass ob du es gleich nicht in der Beichte höretest, so hörest du doch sonst das Evangelium täglich, welches ist eben das Wort der Absolution. Denn Vergebung der Sünden predigen heißt nichts anderes denn absolvieren oder lossprechen von Sünden, welches auch geschieht in der Taufe und Sakrament. Dass also getauft werden oder Sakrament empfangen ist auch eine Absolution, da einem jeglichen insonderheit Vergebung auf Christi Namen und Befehl zugesagt und zugesprochen wird; die sollst du hören, wo und wie oft du ihrer bedürftest; und sie annehmen und glauben, als hörest du sie von Christo selbst.“ Diese Generalabsolution geschieht nach Luther durch die kirchliche Beichthandlung. Im „Sermon von der Beichte und dem Sakrament“ von 1529 stellt er heraus, dass das Wort „allein auf deine Person“ gerichtet ist. Luther legt die Betonung dabei auf die existenzielle Anrede des „Du“ in der Beichte. In ihr hat der Beichtende die existenzielle Möglichkeit, dass er „alle (s)deine Fehler sagen kann und darüber Rat holen". Auf diese Weise hat Luther die Beichte als etwas Existenzielles für den Menschen herausgestellt.

In der Kirchenpostille der Evangelienreihe zum Sonntag nach Ostern spricht sich Luther über die Absolution aus. „Die Gewalt, Sünden zu vergeben, ist allein Gottes; aber er übt sie aus durch das äußerliche Amt der Sündenvergebung. Soll die Absolution recht sein und kräftig sein, so muss sie aus dem Befehle Christi nach Johannes 20,21–23 gehen, dass sie also laute: ‚Ich spreche dich los von deinen Sünden – im Namen Christi und aus Kraft seines Befehls – also, dass nicht ich, sondern er selber durch meinen Mund, der dir die Sünden vergiebet: und du schuldig bist, solches anzunehmen und festiglich zu glauben – als hättest du es aus seinem, des Herrn Christi, eigenem Mund gehöret.'" In der Beziehung zwischen Gott und Mensch liegt eine „Ich-Du"-Beziehung vor, weil es um das Existenzielle des Menschen geht. Wichtig ist vor allem der Glaube des Beichtenden, wie Luther im „Kleinen Katechismus" betont: „Wie du glaubest, so geschehe dir."

Neben Luthers Schriften und Predigten zu Beichte und Absolution gibt es offizielle Erklärungen zur Beichte im „Unterricht der Visitatoren" von 1528; in den „Schwabacher Artikeln", Artikel 11; in den „Torgauer Artikeln", Artikel 5, und in der „Confessio Augustana" von 1530, Artikel 11 und 25, in der „Apologie" und, wie schon gesagt, in: „Kleiner und Großer Katechismus Dr. Martin Luthers".

An diesen Schriften orientiert sich auch heute noch die Evangelische Kirche in Angelegenheiten der Beichte und Buße. Weil nach Luthers Erkenntnis kein Mensch in der Beichte alle Sünden aufzählen kann, wird im evangelischen Gottesdienst die allgemeine Beichte abgehalten und ebenso in der Abendmahlsfeier.

9. Philipp Melanchthons Grabrede anlässlich der Beisetzung Dr. Martin Luthers in der Schlosskirche zu Wittenberg am 22. Februar 1546

Melanchthons Grabrede auf Luther verdeutlicht, wie Luther und sein Wirken von seinen Zeitgenossen gesehen wurde:

„Meine Stimme wird zwar bei dieser allgemeinen Trauer durch Schmerz und Tränen gehemmt, dennoch ist es meine Aufgabe, zu dieser zahlreichen Gemeinde zu sprechen. Ich will allerdings keine Lobrede halten, wie das bei den Griechen und Römern üblich war. Vielmehr will ich die hier Versammelten an die wunderbare Leistung genauso wie an die Gefährdung der Kirche erinnern. Wir können dann nämlich bedenken, was uns ängstigt, wonach wir uns vor allen Dingen sehnen und nach welchen Beispielen wir unser Leben ausrichten sollen. Die weltlich eingestellten Menschen sind der Ansicht, in dem großen Durcheinander des Lebens gehe alles blindlings und durch Zufall vor sich. Wir aber wollen die Kirche nicht dem Urteil der weltlich gesinnten Menge unterstellen. Bestätigt durch viele klare Zeugnisse Gottes wollen wir daran festhalten, dass die Kirche wirklich von Gott geleitet und bewahrt wird. So wollen wir ihre Leitung recht verstehen, die wahren Wagenlenker erkennen und auf ihr Wettrennen genau Acht haben. Wir wollen fähige Leiter und Lehrer wählen, denen wir dann auch gottesfürchtig nachfolgen und mit Ehrerbietung begegnen.

An so bedeutende Dinge denken wir, und von ihnen ist zu reden, sooft der ehrwürdige Mann, Dr. Martin Luther, unser hochgeehrter Vater und Lehrer, erwähnt wird. Viele weltlich eingestellte Menschen haben ihn aufs Bitterste gehasst. Wir wissen jedoch, dass er ein von Gott berufener Diener des Evangeliums gewesen ist. Wir lieben ihn und erkennen ihn an. Die Zeugnisse wollen wir sammeln, die belegen, dass seine Lehre nicht aus aufrührerischen Gedanken besteht, die im blinden Drang verbreitet worden sind. Dieser Meinung sind die gottlosen Leute. Wir möchten darlegen, dass seine Lehre vielmehr den Willen und die wahre Verehrung Gottes aufzeigt, dass sie die Heilige Schrift auslegt und das Wort Gottes, das Evangelium Jesu Christi, verkündigt.

In den Reden, die aus solchem Anlass gehalten werden, pflegt man bekanntlich viel von den persönlichen Vorzügen derer zu sagen, denen die Lobrede gilt. Ich will dennoch diesen Teil der Rede (= Lobrede) beiseite lassen und nur von der Hauptsache sprechen, von Luthers kirchlichem Amt. Wohlgesinnte werden nämlich immer zu folgendem Ergebnis gelangen: Hat Luther die rettende und notwendige Lehre in der Kirche wieder zur Klarheit gebracht, so müssen wir Gott danken, dass er ihn erweckt hat. Luthers Mühen, sein Glaube, seine Standhaftigkeit und seine Begabungen sind zu rühmen. Mit anderen Worten, die Erinnerung an ihn sollte Wohlgesinnten teuer sein.

Das sei nun der Beginn unserer Rede: Wie Paulus sagt, sitzt Gottes Sohn zur Rechten des ewigen Vaters und spendet den Menschen Gaben (Epheser 4,8), die Botschaft des Evangeliums und den Heiligen Geist. Damit er diese Gaben austeilen kann, erweckt er Propheten, Apostel, Lehrer und Hirten. Und er nimmt diese aus unserer Gruppe, nämlich aus den Reihen derer, die lesen, hören, die die prophetischen und apostolischen Schriften lieben. Er beruft nicht nur diejenigen zu diesem Waffendienst, die ein ordnungsgemäßes Amt innehaben. Gegen sie zieht er oft sogar durch die Lehrer in den Streit, die er aus anderen Ständen ausgewählt hat. Wir erhalten einen durchaus angenehmen und nützlichen Anblick, wenn wir die Kirche aller Jahrhunderte betrachten und die Güte Gottes wahrnehmen. Wir sehen dann, dass Gott immer wieder die gnadenreichen Lehrer in so organischer Abfolge gesandt hat, dass sich der Vergleich mit einer Schlachtreihe aufdrängt. Wenn die Vorderen gefallen sind, nehmen andere sofort ihren Platz ein.

Die Reihe der biblischen Erzväter ist bekannt: Adam, Seth, Enoch, Methusalem, Noah, Sem. Als Sem noch lebte und in der Nachbarschaft der Leute wohnte, als die Heiden die Lehre Noahs und Sems schon vergessen hatten und allenthalben Götzen verehrten, wurde Abraham erweckt. Er sollte für Sem ein Schicksalsgenosse sein und sich an dem außerordentlichen Werk, die wahre Lehre zu verbreiten, beteiligen. Denn Abraham folgten Isaak, Jakob und Joseph, der in ganz Ägypten das Licht der wahren Lehre anzündete. Ägypten war damals das blühendste Reich der ganzen Welt. Dann folgten Moses, Josua, Samuel, David, Elia, Elisa, den Jesaja hörte. Den Jesaja hörte Jeremia, diesen wiederum Daniel, den Daniel hörte Sacharja. Darauf folgten Esra und Onias. Nach diesen beiden kamen die Makkabäer. Danach Simeon, Zacharias, der Täufer, Christus, die Apostel. Es ist erfreulich, diese ununterbrochene Abfolge anzuschauen, die ein glänzendes Zeugnis für die Gegenwart Gottes in der Kirche ist.

Nach den Aposteln folgt eine Schar von Männern, die schwächer sind. Sie sind dennoch mit den Zeugnissen Gottes ausgestattet: Polykarp, Irenäus, Gregor von Neucäsarea, Basilius, Augustin, Prosper, Maximus, Hugo, Bernhard, Tauler und weitere. Obgleich nun dieses letzte Zeitalter unansehnlicher ist, hat Gott dennoch immer einige Reste bewahrt. Es ist auch am Tage, dass das Licht des Evangeliums durch die Stimme Luthers wieder strahlender angezündet worden ist.

Luther ist deshalb jener großartigen Schar ganz vorzüglicher Männer zuzurechnen, die Gott gesandt hat, dass sie die Kirche sammeln und erbauen. Diese Männer halten wir für die außerordentliche Blüte des menschlichen Geschlechts. Solon, Themisthokles, Scipio, Augustus und ähnliche, die große Reiche gründeten oder regierten, mögen tatsächlich große Männer gewesen sein. Sie stehen dennoch weit zurück hinter unseren Führern, Jesaja, Johannes dem Täufer, Paulus, Augustin, Luther. Diese wirklichen Unterschiede sind in der Kirche zu berücksichtigen.

Was für große und wahre Dinge sind denn von Luther zutage gefördert worden, die zeigen, dass sein Lebenslauf eine Lobrede verdient? Viele schreien doch, dass die Kirche verwirrt sei und dass unauflösbare Streitigkeiten verbreitet worden sind. Denen entgegne ich: Mit der Kirche ist es folgendermaßen bestellt: Wenn der Heilige Geist die Welt anklagt, entstehen Streitigkeiten, weil die Gottlosen Widerstand leisten. Die Schuld liegt bei denen, die den Sohn Gottes nicht hören wollen, von dem der himmlische Vater gesagt hat: ‚Den sollt ihr hören.' (Matthäus 17,5).

Luther hat die wahre und notwendige Lehre wieder an den Tag gebracht. Es steht doch fest, dass bei der Lehre von der Buße die dichteste Finsternis herrschte. Luther brachte dies zum Verschwinden. Er hat damit gezeigt, was die wahre Buße und wo der Hafen ist. Dem, der über den Zorn Gottes nachdenkt und erschrocken ist, hat er den festen Trost für die Seele aufgewiesen. Er hat die Lehre des Paulus erklärt, die besagt, dass der Mensch durch den Glauben gerechtfertigt wird. Den Unterschied zwischen Gesetz und Evangelium, zwischen der geistlichen und weltlichen Gerechtigkeit hat er aufgezeigt. Er hat gelehrt, wie Gott wahrhaftig angerufen werden kann. Die ganze Kirche hat er von der heidnischen Verblendung zurückgerufen. Sie bildet sich nämlich ein, man könne Gott selbst dann anrufen, wenn die Gemüter von gelehrten Zweifeln geplagt werden und vor Gott fliehen. Luther hat dagegen bestimmt, dass man Gott im Glauben und mit gutem Gewissen anrufen muss. Zu dem einzigen Mittler, dem Sohn Gottes, der zur Rechten des ewigen Vaters sitzt und für uns bittet (Römer 8,34), hat er uns geführt, nicht etwa zu Götzenbildern und toten Menschen. Es geschieht ja tatsächlich, dass gottlose Menschen in schrecklicher Verblendung Götzenbilder und Tote anrufen.

Er hat auch andere rechte Dienste aufgezeigt, die Gott wohlgefällig sind. Die weltliche Ordnung hat er hervorgehoben und befestigt. So ist sie noch von keinem durch Veröffentlichungen hervorgehoben und befestigt worden. Schließlich hat er aus den notwendigen Werken die kindischen religiösen Handlungen ausgeschieden. Diese von Menschen eingeführten Zeremonien, Gebräuche und Gesetze behindern ja die rechte Anrufung Gottes. Damit aber die klare himmlische Lehre den Nachkommen weitergegeben werden kann, hat er die Schriften der Propheten und Apostel so verständlich ins Deutsche übersetzt, dass diese Übersetzung allein schon dem Leser mehr Licht bringt als die meisten Kommentare.

Viele Auslegungen fügte er den vorhandenen auch selbst hinzu. Erasmus war der Meinung, sie überträfen alle anderen. Und wenn von denen, die Jerusalem wiederaufgebaut haben, berichtet wird, sie hätten mit der einen Hand gebaut und in der anderen das Schwert gehalten (Nehemia 4,11), so gilt das auch von Luther. Er hat mit den Feinden der wahren Lehre gestritten und zugleich Auslegungen der biblischen Schriften verfasst, in denen er die göttliche Lehre darstellte. Außerdem hat er durch geistliche Ratschläge den Gewissen vieler Menschen geholfen. Luthers Lehre überragt großenteils die üblichen menschlichen Maßstäbe, die Lehre von der Vergebung der Sünden und vom Glauben beispielsweise. Deshalb muss man zugeben, dass er durch Gott gelehrt ist. Viele von uns haben seine Kämpfe gesehen, in denen er gelernt hat, in dem Glauben fest zu stehen, dass uns Gott annimmt und erhört.

Gläubige Menschen werden von daher in alle Ewigkeit die Wohltaten preisen, die Gott der Kirche durch Luther erwiesen hat. Zuerst werden sie Gott danken. Dann werden sie öffentlich bezeugen, dass sie selbst dem Wirken dieses Mannes viel verdanken. Sie lassen sich nicht durch gottlose Menschen beeindrucken, die die ganze Kirche verspotten und den so glücklichen neuen Anfang als nutzloses Spiel oder Wahn ansehen.

Weder sind unentwirrbare Streitigkeiten erregt, noch ist der Kirche der Zankapfel vorgeworfen worden, wie einige behaupten. Es sind auch nicht die Rätsel der Sphinx vorgelegt worden. Verständige und Rechtschaffene sowie alle, die ihr Urteil nicht auf falsche Anklage gründen, können nämlich leicht sehen, was mit der göttlichen Lehre übereinstimmt und was nicht. Sie brauchen nur die strittigen Lehraussagen zu vergleichen. Wahrhaftig, es gibt keinen Zweifel, diese Kontroversen sind im Herzen aller wirklichen Gläubigen längst entschieden. Weil Gott wollte, dass er und sein Wille in den Worten der Propheten und Apostel erkannt werden sollen, darf man diese nicht für zweideutig halten, wie die Blätter der Sibylle, ‚die verwirrt umherfliegen, ein Spiel der reißenden Winde'.

Einige, die nicht zu verachten sind, haben sich beklagt, Luther sei schärfer gewesen als es ertragbar sei. Ich will mich weder mit ihnen noch mit den Verteidigern Luthers auseinandersetzen. Vielmehr antworte ich darauf mit dem, was Erasmus oft gesagt hat: Weil die Krankheiten so groß sind, hat Gott diesem letzten Zeitalter einen scharfen Arzt gegeben. Ein solches Werkzeug hat Gott gegen die hochmütigen, unverschämten Feinde erweckt, wie er zu Jeremia sagt: ‚Siehe, ich lege meine Worte in deinen Mund, dass du einreißen und bauen sollst‘ (Jeremia 1,9 f.). Und er wollte ihnen gleichsam diese Gorgo entgegenwerfen. Deshalb beschweren sich jene vergeblich bei Gott. Gott leitet die Kirche nicht nach menschlichen Ratschlägen. Er will auch nicht, dass seine Werkzeuge einander geradezu gleich sein sollen. Überall aber gilt, dass gemäßigte und besonnene Charaktere ungezügelte Angriffe nicht gutheißen, seien sie gut oder böse. Aristides sah, dass Themistokles mit gewaltiger Heftigkeit große Dinge anfing und glücklich zu Ende brachte. Obgleich ihm das Wohl des Staates am Herzen lag, bemühte er sich, den schwungvollen Drang jenes Mannes in seinem Lauf aufzuhalten. Ich leugne nicht, dass große Heftigkeit manchmal sündigt, ist doch niemand bei der Schwäche der menschlichen Natur ganz und gar ohne Fehler. Davon abgesehen, ist einer, auf den das zutrifft, was die antiken Autoren von Herkules, Kimon und anderen sagten, er sei zwar etwas ungesittet, aber zumeist gut, ein wackerer und liebenswerter Mann. Wenn er, mit den Worten des Apostels Paulus gesprochen, in der Kirche recht kämpft, den Glauben und ein gutes Gewissen bewahrt (2. Timotheus 2,5; 4,7 und 1. Timotheus 1,19), so ist er Gott wohlgefällig und ist von uns zu ehren (Römer 14,18).

Wir wissen, dass Luther ein solcher Mann gewesen ist. Die Reinheit der Lehre hat er standhaft verteidigt und die Gewissen unversehrt erhalten. Ja, wo gibt es den, der ihn gekannt hat und nicht wüsste, wie menschenfreundlich er war, wie liebenswürdig im vertrauten Kreise, wie wenig streitsüchtig oder zänkisch. In seinem ganzen Verhalten war eine Würde, die einem solchen Mann eigen sein sollte. Er hatte ein Herz ohne Falsch und einen Mund voller Freundlichkeit.

Oder er entsprach eher dem, was Paulus fordert: ‚Alles, was wahrhaftig ist, was ehrbar, was gerecht, was rein, was lebenswert, was einen guten Ruf hat‘ (Philipper 4,8). Daraus geht klar hervor, dass jene Schroffheit aus Eifer für die Wahrheit, nicht aus Streitsucht oder Verbitterung entstand. Hierfür sind wir alle genauso Zeugen wie viele Freunde. Das trifft auch sonst für sein Leben zu, das er bis zum 63. Jahr in größtem und leidenschaftlichstem Eifer für Frömmigkeit, für alle edlen Dinge und Künste geführt hat.

Was für eine glänzende und wohlformulierte Rede könnte ich halten, hätte ich mir eine Lobrede auf diesen Mann vorgenommen. Nie hat man bei ihm ausschweifende Begierden wahrgenommen, nie aufrührerische Pläne. Ihm ist es vielmehr in der Tat mehrmals zu verdanken, dass die Waffen niedergelegt wurden. Niemals hat er sich bei der Regelung kirchlicher Angelegenheiten Tricks erlaubt, um seine Macht oder die seiner Anhänger zu vermehren. Ich bin der Ansicht, diese Weisheit und Tugend sind so bedeutend, dass sie durch menschliche Tüchtigkeit allein kaum erworben sein können. Die Charaktere müssen vielmehr auch durch göttliche Führung gelenkt werden, zumal die heftigen, erhabenen und leidenschaftlichen, wie es bei Luther offenkundig der Fall gewesen ist. Das liegt am Tage.

Was soll ich von seinen weiteren Tugenden sagen? Oft bin ich hinzugekommen, als er unter Tränen sein Gebet für die ganze Kirche sprach. Er nahm sich nämlich eine gewisse Zeit, um einige Psalmen laut zu lesen, mit denen er seufzend und weinend seine Gebete verflocht. Oft sagte er auch, er zürne denen, die aus Trägheit oder wegen beruflicher Überlastung sagen, ein Gebetsseufzer genüge schon. Deshalb, sprach er, sind uns nach Gottes Ratschluss feste Formen vorgeschrieben, dass die Gemüter durch dieses Lesen entzündet werden, ja dass auch die Stimme vernehmbar bekenne, welchen Gott wir anrufen. Bei vielen schwierigen Beratungen über die Gefahren für die ganze Gesellschaft konnten wir es oft erleben, dass er mit gewaltiger Geisteskraft ausgestattet und überhaupt nicht ängstlich war, auch durch keinerlei Schrecken schwach wurde. Er stützte sich nämlich, wie man sagt, auf einen heiligen Anker (Hebräer 6,19), auf die Hilfe Gottes und ließ sich den Glauben nicht nehmen.

Ferner war sein Verstand von derartiger Schärfe, dass nur er bei verwickelten Problemen am besten erkannte, was angemessen ist. Er vernachlässigte auch nicht, wie viele meinen, die Belange des Staates. Genauso wenig übersah er, was anderen wichtig war. Im Gegenteil, er kannte den Staat und durchschaute genau Sinn und Wollen aller, mit denen er lebte. Und obgleich seine eigene Geisteskraft sehr scharf war, las er dennoch begierig die alten und neuen kirchlichen Schriften. Er las ebenso alle Geschichtsdarstelllungen, deren Beispielerzählungen er mit einzigartiger Fertigkeit auf die gegenwärtigen Verhältnisse anwandte

Von seiner Beredsamkeit gibt es bleibende Zeugnisse. Zweifellos war er darin denen ebenbürtig, denen man die größte Wirkung der Rede zuschreibt.

Wir betrauern zu Recht um unsertwillen, dass solch ein mit höchster Geisteskraft begabter, mit Gelehrsamkeit ausgerüsteter, durch lange Übung erfahrener, durch viele vortreffliche und heldenhafte Tugenden geschmückter und von Gott zur Wiederherstellung der Kirche auserwählter Mann aus unserer Mitte abgerufen wurde. Mit väterlicher Gesinnung umfing er uns alle. Uns geht es nun wie den Waisen, die ihres hervorragenden und treuen Vaters beraubt worden sind. Weil wir aber Gott gehorsam sein müssen, wollen wir nicht zulassen, dass die Erinnerung an seine Tugenden und Wohltaten bei uns verloren geht. Ihm selbst jedoch wollen wir nunmehr Glück wünschen zu seinem vertrauten und ganz angenehmen Umgang mit Gott und seinem Sohn, unserem Herrn Jesus Christus, mit den Propheten und Aposteln. Er hat ihn im Glauben an den Sohn Gottes stets erbeten und erwartet. Da hört er nun nicht nur, dass seine Mühen, die er bei der Ausbreitung des Evangeliums auf sich genommen hat, durch Gottes Urteil und die Zeugnisse der himmlischen Kirche anerkannt werden. Schon aus diesem sterblichen Leib gleichsam wie aus einem Kerker herausgeführt und in eine viel höhere Schule eingetreten, schaut er vielmehr auch selbst aus der Nähe Gottes Wesen und die im Sohn vereinigten zwei Naturen sowie den ganzen Ratschluss Gottes, durch den die Kirche gegründet und erlöst worden ist. Diese hochwichtigen, verhüllten und nur in Gestalt kurzer Verheißungen bekannten Dinge hat er hier im Glauben betrachtet. Nun sieht er sie vor Augen, ist erfüllt von höchster Freude und bringt jetzt Gott leidenschaftlich aus ganzem Herzen den Dank für solche Wohltat dar.

Da erfährt er, warum der Sohn Gottes Wort und Ebenbild des ewigen Vaters genannt wird. Er erhält Kenntnis, auf welche Weise der Heilige Geist das Band der wechselseitigen Liebe ist, nicht nur zwischen dem ewigen Vater und dem Sohn, sondern auch zwischen ihnen und der Kirche. Die Anfangsgründe und das Vorschulwissen von dieser Lehre hatte er in diesem sterblichen Leben dargelegt. Oft hatte er sehr ernst und weise von diesen höchsten Dingen gesprochen, vom Unterschied der rechten und der falschen Anrufung, von der wahren Erkenntnis Gottes, mit deren Hilfe die göttlichen Offenbarungen geschaut und der wirkliche Gott von den erfundenen Götzen unterschieden werden.

Viele aus dieser Gemeinde haben wohl gehört, wie er einmal das Bibelwort auslegte: ‚Ihr werdet den Himmel offen sehen und die Engel Gottes hinauf- und herabfahren auf den Menschensohn' (Johannes 1,51). Zuerst ermahnte er die Hörer, sich diesen ganz prächtigen Trost in die Herzen einzuprägen, der zusichert, dass der Himmel offen, dass er für uns zu Gott hin geöffnet ist. Die Riegel des göttlichen Zorns seien für die entfernt worden, die zum Licht hinflüchten. Gott sei jetzt ganz in unserer Nähe, und die ihn anriefen, würden von ihm angenommen, geleitet und bewahrt.

Luther betont eindringlich, diesen Ratschluss Gottes, den gottlose Menschen bloß für ein Märchen halten, müsse man dem menschlichen Zweifel entgegensetzen. Genauso sei mit den Ängsten umzugehen, die schreckhafte Gemüter einschüchtern, sodass sie weder wagen, Gott anzurufen, noch Ruhe finden bei Gott.

Weiter sagte Luther, die Engel, die auf Christus hinauf- und herabfahren, seien die Diener des Evangeliums. Zuerst führen sie unter Christi Leitung hinauf zu Gott und empfingen von ihm das Licht des Evangeliums und den Heiligen Geist. Danach aber führen sie herab, das heißt, sie verwalteten das Lehramt unter den Menschen.

Er fügte noch diese Auslegung hinzu. Selbst jene himmlischen Geister, die wir für gewöhnlich Engel nennen, würden, wenn sie den Sohn Gottes anschauen, durch die wunderbare Vereinigung der beiden Naturen belehrt und erfreut. Und weil sie Kriegsknechte dieses Herrn bei der Verteidigung der Kinder seien, würden sie gleichsam durch seine Hand geleitet.

Diese höchsten Dinge schaut Luther jetzt. Und wie er zuvor, von Christus geführt, mit den Dienern des Evangeliums hinauf- und herabfuhr, so nimmt er jetzt wahr, wie die Engel von Christus gesandt werden. Er genießt mit ihnen gemeinsam die Betrachtung der göttlichen Weisheit und der göttlichen Werke.

Wir erinnern uns, mit welcher Lust er von den Propheten sprach, von ihrem vollmächtigen Handeln, ihren Ratschlägen, Gefahren und Errettungen. Wie kenntnisreich verglich er alle Zeiten der Kirche. Mit alledem gab er zu erkennen, in was für großer Sehnsucht er nach jenen bedeutenden Männern glühte. Von ihnen ist er nun umgeben. Er freut sich, ihre Stimme unmittelbar zu hören und ihnen zu antworten. Sie begrüßen ihn nun freudig als ihren Mitschüler und danken mit ihm gemeinsam Gott, der die Kirche sammelt und erhält.

So wollen wir denn nicht zweifeln, dass Luther gerettet ist. Wir wollen uns nicht quälen, weil wir hingegen wirklich verwaist sind. Nachdem Gott ihn von hier abberufen hat, müssen wir seinem Willen gehorchen. Wir wollen bedenken, dass Gott auch von uns erwartet, dass wir die Erinnerung an Luthers Tugend und seine Wohltaten bewahren. Diesen Dienst wollen wir ihm erweisen. Lasst uns erkennen, dass er ein heilsames Werkzeug Gottes gewesen ist, und seine Lehre voller Eifer lernen. Seine Tugenden sind uns ebenfalls not. Lasst sie uns anstreben, so gut wir können, die Gottesfurcht, den Glauben und die Leidenschaft im Beten, die Unbescholtenheit im Amt, die Keuschheit, die Achtsamkeit, die Absage an aufrührerische Ideen, die Lerngier. Wir gedenken doch oft und vielfach der anderen glaubensvollen verantwortlichen Männer der Kirche, deren Leben und Wirken wir kennen. Ich nenne Jeremia, Joannes den Täufer und Paulus. So lasst uns ebenfalls Lehre und Leben dieses Mannes oft betrachten. Lasst uns Danksagung und Bitten hinzufügen. Das gebührt sich auch jetzt in dieser zahlreichen Gemeinde zu tun. Sprecht also mit mir in wahrer Andacht der Herzen:

Wir danken dir, allmächtiger Gott, ewiger Vater unseres Herrn Jesus Christus, Schöpfer deiner Kirche, zusammen mit deinem gleichfalls ewigen Sohn, unserem Herrn Jesus Christus und dem Heiligen Geist. Wir danken dir, dem weisen, gütigen, barmherzigen Richter, dem Wahrhaftigen, Mächtigen und Freiesten, dass du deinem Sohn ein Erbe sammelst aus dem menschlichen Geschlecht. Wir danken dir, dass du das Amt des Evangeliums erhältst und nun auch durch Luther wieder aufgerichtet hast. Mit inständigem

Verlangen bitten wir, du wollest auch künftig die Kirche erhalten und leiten. Du wollest in uns die wahre Lehre versiegeln, wie es Jesaja für seine Jünger erbittet. (Jesaja 8,16) Unsere Herzen wollest du durch den Heiligen Geist entzünden, dass wir dich recht anrufen und unser Leben gottgefällig führen.

Schließlich sei das noch gesagt. Weil der Tod großer Männer den Nachkommen oft Strafe anzeigt, so beschwören wir euch, ich und alle, denen das Lehramt befohlen ist, dass ihr die Gefahren für die ganze Welt bedenkt. Da wüten die Türken von außen, hier drohen andere Feinde mit Kriegen im Land. Weit und breit gibt es auch eine große Freiheit der Geister. Seit sie Luthers Kontrolle nicht mehr befürchten müssen, werden sie die recht überlieferte Lehre mit umso größerer Waghalsigkeit verfälschen.

Lasst uns umso sorgfältiger sein, unser Leben und unsere Studien so zu führen, damit Gott diese Übel abwende. Und lasst uns immer die Überzeugung unverändert im Herzen festhalten, solange wir die reine Lehre des Evangeliums bewahren, hören, lernen, lieben, werden wir Gottes Haus und Kirche sein. Gleichwie der Sohn Gottes spricht: ‚Wer mich liebt, der wird mein Wort halten; und mein Vater wird ihn lieben, und wir werden zu ihm kommen und Wohnung bei ihm machen' (Johannes 14,23).

Mit dieser großartigen Verheißung wollen wir uns anspornen, die himmlische Lehre zu lernen. Wir wissen auch, dass Gott das Menschengeschlecht und das Staatswesen um der Kirche willen erhält. Wir wollen auch die künftigen ewigen Ziele betrachten, zu denen uns Gott berufen hat. Umsonst hat er sich gewiss nicht durch solche herrlichen Zeugnisse offenbart und umsonst hat er den Sohn nicht gesandt. Er liebt vielmehr alle wahrhaftig und versorgt sie, die seine Wohltaten hochhalten.

Damit beende ich meine Rede."

Seine lateinische Grabrede auf Luther beendete Melanchthon mit: „Dixi".

Übersetzer wie Hedio schreiben: „End dieser Oratio" und Cruciger: „Amen". (1)

Melanchthons Grabrede orientiert sich an den ihm als Humanisten bekannten antiken Vorbildern. Interessant ist an ihr, wie er die biblischen Gestalten, Erzväter und Propheten als geschichtliche Wirkungsgrößen gleich den Großen der Geschichte sieht. Dies ist angesichts Melanchthons Geschichtsschau verständlich; denn für ihn greifen Profangeschichte und Heilsgeschichte ineinander. Beide werden als eine geschichtliche Einheit „sub specie aeternitatis" unter verschiedenen Aspekten gesehen. Die geschichtlichen und prophetischen Großen sind für ihn Kristallisationspunkte, in denen etwas Neues für die Menschen in der Welt- und Heilsgeschichte aufblitzt. Sie führen die Menschen aus der Dunkelheit ans Licht. Zu diesen Großen zählt nach Melanchthons Meinung auch Dr. Martin Luther in der Heils- und Profangeschichte, in der er sowohl die kirchliche wie auch die staatliche Ordnung gefestigt hat.

Als wichtig für die Kirche und ihre Theologie unterstreicht Melanchthon, dass Luther als ein von „Gott berufener Diener des Evangeliums" gewirkt hat. Er hat nicht mit dem Schwert gekämpft, sondern mit Gottes Wort. Dadurch hat er wieder in der Kirche und in seiner Zeit wie ein Prophet Gottes Ehre aufgerichtet und den Menschen eine wahre Lebensorientierung gegeben. Durch Luthers Bibelübersetzung, seine Predigten und seine Schriften ist der Glaube der Christen wieder gefestigt worden und die Glaubenden auf freien Glauben ausgerichtet worden.

Nach Melanchthons Meinung hat Luther auch den wahren Sinn der Buße aufgezeigt. Er hat herausgestellt, dass der Mensch durch den Glauben an Gott um Christi willen gerechtfertigt wird. Luther hat durch sein von Gottes Geist geleitetes Wirken die Gläubigen vom Götzendienst zu dem „einzigen Mittler, dem Sohn Gottes, der zur Rechten des ewigen Vaters sitzt und für uns bittet", geführt. Damit hat er den glaubenden Menschen die evangelische Freiheit in Bindung an Christus geschenkt und ihnen eine Wohltat erwiesen.

Deutlich sieht Melanchthon die Zweinaturenlehre Christi als Luthers theologischen Mittelpunkt seines Predigens und Lehrens. Sie war für Luthers theologisches Denken und Argumentieren mit seinen Gegnern unentbehrlich. Deutlich zeigte sich dies im Abendmahlsgespräch mit den Zwinglianer und Oberdeutschen, in dem er auf der Grundlage dieser Lehre das Geheimnis Christi und seiner Realpräsenz Christi im Abendmahl herausstellte. Denn „in, mit und unter" Brot und Wein ist Christus in der Abendmahlsfeier für die Glaubenden gegenwärtig. Diese Gegenwart Christi ist auch in der Evangeliumsverkündigung anwesend. Jedoch in der Abendmahlsfeier tritt sie den Gläubigen in Brot und Wein – dem Leib und dem Blut Christi – greifbar und sichtbar gegenüber. Es ist der erhöhte Herr, der durch seinen Geist seine Kirche durch Wort und Sakrament sammelt.

Melanchthon spricht die um Luther Trauernden an, die durch Luther in ihrem Glauben immer auf Gott in Jesus Christus verwiesen wurden. Sie sind demnach im Glauben selbständig und eigenverantwortlich, sodass sie nach Melanchthons Ansicht auch ohne Luther in diesem Glauben rechtschaffen ihr Leben führen und gestalten können.

10. Augsburger Bekenntnis – Aussagen zu Beichte, Buße und zu Glauben und guten Werken

(nach der Darlegung im Evangelischen Gesangbuch, Ausgabe für die Evangelisch-Lutherischen Kirchen in Bayern und Thüringen)

In seinen drei großen Freiheitsschriften von 1520 „An den christlichen Adel deutscher Nation von des christlichen Standes Besserung", „Von der Babylonischen Gefangenschaft der Kirche" sowie „Von der Freiheit eines Christenmenschen" setzte sich Luther kritisch und verantwortlich mit den Zuständen in der römischen Kirche und im deutschen Reich auseinander. (1) Trotz (der) Gewaltenteilung und Trennung zwischen Kirche und Kaisertum im Reich gab es eine alltägliche und gesellschaftliche Verflechtung zwischen Kirche und Kaisertum im persönlichen und gesellschaftlichen Leben. Die Kirche bestimmte durch Predigt, Unterricht, Gebote und Kirchenstrafen Sitte und Moral der Bevölkerung. Die Kirche war zuständig für die menschlichen Fragen nach dem persönlichen Seelenheil, dagegen das Kaisertum für den Frieden und die Sicherung des Reiches.

Mit seinen 95 Thesen von 1517 hatte Luther bereits die kirchliche Praxis des Bußwesens der römischen Kirche mit seinen Ablässen von der Bibel aus kritisiert und neu ausgerichtet. In der Schrift „Von der Babylonischen Gefangenschaft der Kirche" von 1520 setzt er sich mit der Sakramentslehre der römischen Kirche auseinander. „Vor allem andern muss ich die Siebenzahl der Sakramente ablehnen und unter gegenwärtigen Umständen nur eine Dreizahl (an ihre Stelle) setzen: die Taufe, die Buße, das Brotbrechen (das Abendmahl). Diese sind uns alle durch die römische Kurie in eine klägliche Gefangenschaft geführt worden, und die Kirche ist damit ihrer ganzen Freiheit beraubt." (2) Deutlich zeigt er den Zwiespalt von römischem und biblischem Abendmahlsverständnis auf. Er verwirft die Darreichung des Abendmahls nur in einer Gestalt, die Wandlungslehre und die Deutung der Messe als Werk und Opfer. Für Luther hat die römische Kirche das Taufsakrament in seiner Kraft für den Glauben, „dass wir getötet werden und leben durch den Glauben Christi", verdunkelt und verfälscht. Nach Luthers Darlegung in seiner Schrift „Von der Babylonischen Gefangenschaft der Kirche" hat die römische Kirche das Bußsakrament seines Trostes beraubt. Er wirft ihr vor: „Denn in all ihren Büchern, in ihrer wissenschaftlichen Arbeit, in ihren Predigten ging es ihnen (den Theologen) nicht darum, zu lehren, was den Christen in den Worten (der Bibel) verheißen ist, was sie glauben dürfen, welch großen Trost sie haben, sondern (darzutun), wie weit, lang und tief sie selbst ihre gewalttätige Herrschaft ausüben. Das ging so weit, dass etliche angefangen haben, sogar den Engeln im Himmel Befehl zu geben und sich in einer unglaublichen und ganz rasenden Gottlosigkeit rühmen, sie hätten in diesen Worten das Recht zur himmlischen und irdischen Herrschaft empfangen ..." Luther bezieht sich auf eine falsche römische Bibelauslegung von Matthäus 16,19. „Hier ist überhaupt nicht die Rede von einer Machtvollkommenheit, sondern von einer Dienstleistung dessen, der losspricht ..." Aufgrund seiner biblischen Erkenntnis stellt Luther fest: Die Absolution ist kein Machtanspruch gegenüber dem Beichtenden, sondern nach biblischem Verständnis eine Dienstleistung der Kirche, die dem Beichtenden Gottes Trost und Glaubenshoffnung zusprechen soll.

Für Luther wird ein Sakrament durch eine Verheißung Gottes an den Glaubenden gekennzeichnet. Dies wird deutlich in Zeichen und Wort des Sakraments. Über das Bußsakrament äußert sich Luther: „Denn das Bußsakrament, das ich diesen beiden (Taufe und Abendmahl) zugezählt habe, entbehrt des sichtbaren und von Gott gestifteten Zeichens und ist, wie ich sagte, nichts anderes als der Weg und die Rückkehr zur Taufe ..." Damit hat Luther aus der Bibel sein Sakramentsverständnis entwickelt. Wieder wird deutlich, dass Luther durch seine biblische Sakramentserkenntnis den Menschen in seiner Glaubensfreiheit und in seiner Bindung an Gott stärken will.

Luther hat die Beicht- und Bußpraxis neu aus dem Evangelium Jesu Christi begründet. Er hat die Beichte und Buße nicht als Sakrament definiert, wie es in der römischen Kirche durch das II. Laterankonzil von 1215 geschehen ist, sondern es im „Kleinen Katechismus – Vom Amt der Schlüssel und von der Beichte" beschrieben. Der Begriff „Amt der Schlüssel" geht auf Matthäus 16,19 ff. zurück. Diese Bibelstelle berichtet, wie Jesus Petrus die Schlüssel übergibt: „Dir will ich die Schlüssel zu Gottes neuer Welt geben. Was du hier auf der Erde für verbindlich erklären wirst, das wird auch vor Gott verbindlich sein: und was du für nicht verbindlich erklären wirst, das wird auch vor Gott nicht verbindlich sein." Für Luther sind Taufe und Abendmahl Sakramente, weil sie Jesus durch Wort und Zeichen eingesetzt hat, nicht aber Beichte und Buße.

Deshalb setzt Dr. Martin Luther „Buße und Beichte" zur Taufe in Beziehung. Die Taufe ist ein Bundesschluss mit Gott, aus dem der Glaube, die Liebe und die Werke entspringen. Luther beschreibt phänomenologisch die Taufe durch Wasser und Geist in seiner Tauferklärung. Die Taufhandlung – als Untertauchen im Wasser – versinnbildlicht ein Absterben (mortifikatio). Aus diesem Bild erschließt sich die Bedeutung der Taufe als „Abwaschen der Sünde" und folglich als stetiger Kampf gegen die Sünde. Der getaufte Christ begeht aufgrund seiner Unvollkommenheit allerdings immer wieder Sünden und bedarf daher durch die Beichte der Absolution.

Deshalb kann Luther im vierten Hauptstück: „Das Sakrament der heiligen Taufe“ schreiben: „Sie (Taufe) wirkt Vergebung der Sünden, erlöst vom Tode und Teufel und gibt die ewige Seligkeit allen, die es glauben, wie die Worte und Verheißung Gottes lauten.“ (3)

Demnach besteht die Buße nicht in den sakramentalen Akten von Reue, Bekenntnis und Absolution mit Wiedergutmachung, sondern ist die Lebensform des Christen schlechthin und erwächst als wahre innere Buße aus dem Glauben und der Liebe zu Gott. Zwar kann der Mensch die Beichte nicht durch Reue erzwingen. Vielmehr widerfährt ihm in ihr die Barmherzigkeit Gottes durch die Taufgnade. Deshalb betont Luther die Taufe so sehr, denn in ihr hat Gott sein Werk mit dem Menschen angefangen und dessen Leben bestimmt. Gott eröffnet ihm in seiner Barmherzigkeit auch durch Reue und Buße immer wieder die Möglichkeit der Umkehr und Abkehr von seinen Sünden und zur Änderung seines Wesens. Aus diesem Grund hat die Absolution in der Beichte keinen sakramentalen Charakter, sondern ist Deklaration (= Erklärung) der göttlichen Heilstat in Jesus Christus. Gott spricht um Christi willen den Menschen gerecht. Gott teilt dem an ihn glaubenden Menschen seine Rechtfertigung zu und ermöglicht ihm zu leben. Aufgrund dieser göttlichen Handlungsweise ist für Luther Gott nicht mehr der zürnende und strafende Gott, sondern der liebende und barmherzige Vater im Sinn der Geschichte „Vom verlorenen Sohn“ Lukas 15,11–32.

Diese neue Gotteserkenntnis Luthers aus seinem Bibelstudium war sein Geschenk an die Glaubenden.

Im Hauptstück des „Kleinen Katechismus – Das Sakrament der heiligen Taufe“ erläutert er dies:

„Zum Vierten

Es (die Wassertaufe) bedeutet, dass der alte Adam (der Mensch) in uns durch tägliche Reue und Buße soll ersäuft werden und sterben mit allen Sünden und bösen Lüsten; und wiederum täglich herauskommen und auferstehen ein neuer Mensch, der in Gerechtigkeit und Reinheit vor Gott ewiglich lebe, Römer 6,1–4." (4)

Damit ersetzt Luther einen beziehungslosen mechanistischen und legalistischen Beicht- und Bußvorgang durch einen personalen. Vom neuen biblischen Bußverständnis ausgehend bestimmt Luther das Schlüsselamt der Kirche (= Absolution) und das Wesen der Kirche wie auch die Beichtstruktur.

Ein Beispiel dazu bietet der Text „Vom Amt der Schlüssel und von der Beichte", wie er im Evangelischen Gesangbuch, Ausgabe für die Evangelisch-Lutherischen Kirchen in Bayern und Thüringen, Seite 1562 ff., vorzufinden ist. Er taucht nicht ursprünglich auf im „Kleinen Katechismus" Dr. Martin Luthers, sondern fasst dessen biblisch-theologisches Denken zusammen.

Der Gesangbuchtext wie auch der Katechismustext beantworten in einem pädagogischen Dialogstil die Glaubensanfragen, was Beichte und was Absolution ist.

Im Augsburger Bekenntnis (Confessio Augustana), von Philipp Melanchthon verfasst, wurde auf dem vom Kaiser Karl V. (1517–55) einberufenen Reichstag zu Augsburg 1530 dargelegt: „Was die Protestanten glauben". Dieses Dokument mit seinen Aussagen zu Amt, Gottesdienstordnung und dem Verhältnis zum politischen Gemeinwesen ist eine Rechtsurkunde der protestantischen Kirchen. Es weiß sich in der Tradition der Kirche und der apostolischen Verkündigung des Evangeliums. Nach der Verfassung der Evangelischen Kirche in Deutschland ist die Confessio Augustana bindend.

Die Confessio Augustana gliedert sich in Glaubensaussagen in den Artikeln 1–20 und Aussagen zur Abschaffung der der biblischen Erkenntnis widersprechenden römischen Kirchenbestimmungen in Artikel 21–28. (5)

Augsburger Bekenntnis, Artikel 11: Von der Beichte
Von der Beichte wird so gelehrt, dass man in der Kirche die private Absolution oder Lossprechung beibehalten und nicht wegfallen lassen soll, obwohl es in der Beichte nicht nötig ist, alle Missetaten und Sünden aufzuzählen, weil das doch nicht möglich ist: „Wer kennt seine Missetat?" (Psalm 19,11)

Augsburger Bekenntnis, Artikel 25: Von der Beichte
Bei uns (Protestanten) wird das Altarsakrament erst gereicht, nachdem die Leute zuvor gebeichtet haben und absolviert sind. Dabei wird ihnen gezeigt, wie tröstlich das Wort der Absolution ist, in dem wir mehr als das Wort eines Menschen hören, nämlich Gott selbst, der die Sünde vergibt. Von niemandem kann verlangt werden, alle Sünden namentlich aufzuzählen, weil dies wegen der Verderbnis der menschlichen Natur unmöglich ist. Der Psalm spricht (19,3): „Wer kann merken, wie oft er fehlet?" Und Jeremia sagt (17,3): „Es ist das Herz ein trotzig und verzagt Ding, wer kann es ergründen?"

Augsburger Bekenntnis, Artikel 12: Von der Buße
Von der Buße wird gelehrt, dass diejenigen, die nach der Taufe gesündigt haben, jederzeit, wenn sie Buße tun, Vergebung der Sünden erlangen und ihnen die Absolution von der Kirche nicht verweigert werden soll. Nun ist wahre, rechte Buße eigentlich nichts anderes als Reue und Leid oder das Erschrecken über die Sünde und doch zugleich der Glaube an das Evangelium und die Absolu-

tion, nämlich dass die Sünde vergeben und durch Christus Gnade erworben ist. Dieser Glaube tröstet wiederum das Herz und macht es zufrieden. Danach soll auch die Besserung folgen und dass man von Sünden lasse; denn dies sollen die Früchte der Buße sein – wie Johannes sagt: „Tut rechtschaffene Frucht der Buße" (Matthäus 3,8). Hiermit werden die verworfen, die lehren, dass diejenigen, die einmal fromm geworden (zum Glauben gekommen) sind, nicht wieder in Sünden fallen können. Andererseits werden auch die verworfen, die die Absolution denen verweigerten, die nach der Taufe gesündigt hatten. Auch werden die verworfen, die nicht lehren, dass man durch Glauben Vergebung der Sünde erlangt, sondern durch unsre Genugtuung.

Augsburger Bekenntnis, Artikel 20: Vom Glauben und guten Werken

Den Unseren (Protestanten) wird in unwahrer Weise nachgesagt, dass sie gute Werke verbieten: Denn ihre Schriften über die Zehn Gebote und andere beweisen, dass sie von rechten christlichen Ständen und Werken einen guten nützlichen Bericht und eine Ermahnung hinterlassen haben, worüber man früher wenig gelehrt hat: sondern man hat in allen Predigten vor allem zu kindischen, unnötigen Werken, wie Rosenkränzen, Heiligenverehrung, Mönchwerden, Wallfahrten, Fastenordnungen, Feiertagen, Bruderschaften usw. angetrieben. Weil nun die Lehre vom Glauben, die das Hauptstück im christlichen Wesen ist, lange Zeit – wie man bekennen muss – nicht betrieben worden ist, sondern überall allein die Lehre von den Werken gepredigt wurde, ist von den Unseren folgende Unterrichtung gegeben worden: Erstlich, dass unsre Werke uns nicht mit Gott versöhnen und uns nicht Gnaden erwerben können, sondern das geschieht allein durch den Glauben

– wenn man nämlich glaubt, dass uns um Christi willen die Sünden vergeben werden, der allein der Mittler ist, um den Vater zu versöhnen. Wer nun meint, das durch Werke zu erreichen und dadurch Gnade zu verdienen, der verachtet Christus und sucht einen eigenen Weg zu Gott gegen das Evangelium. Denn das Gewissen kann nicht durch Werke zu Ruhe und Frieden kommen, sondern allein durch den Glauben, wenn es bei sich mit Gewissheit schließt, dass es um Christi willen einen gnädigen Gott hat. Ferner wird gelehrt, dass gute Werke geschehen sollen und müssen, aber nicht, dass man darauf vertraut, durch sie Gnaden zu verdienen, sondern um Gottes willen und zu Gottes Lob. Der Glaube ergreift immer nur die Gnade und die Vergebung der Sünde; und weil durch den Glauben der Heilige Geist gegeben wird, darum wird auch das Herz befähigt, gute Werke zu tun.

Deshalb ist diese Lehre vom Glauben nicht zu schelten, dass sie gute Werke verbiete, sondern vielmehr dafür zu rühmen, dass sie lehrt, gute Werke zu tun, und Hilfe anbietet, wie man zu guten Werken kommen kann. Denn außer dem Glauben und außerhalb von Christus ist menschliche Natur und Vermögen viel zu schwach, gute Werke zu tun, Gott anzurufen, im Leiden Geduld zu haben, den Nächsten zu lieben, befohlene Ämter fleißig auszurichten, gehorsam zu sein, böse Lust zu meiden usw. Solche hohen und rechten Werke können ohne die Hilfe Christi nicht geschehen, wie er selbst sagt: „Ohne mich könnt ihr nichts tun" (Johannes 15,5).

Das Augsburger Bekenntnis von 1530 fasst anhand kurzer und prägnanter Bibelstellen Beichte, Buße und gute Werke im Sinne Martin Luthers zusammen als eine innere christliche Lebensform, die nach außen wirkt.

Luther hat mit seinen 95 Thesen von 1517 die Befreiung des Glaubens aus der Macht der römischen Kirche durch die Bibel aufgezeigt. Dabei band er das Freiheitsverständnis an Gott und an das Evangelium von Jesus Christus. Er war bei aller Kritik an den Missbräuchen der römischen Kirche für Ordnung in der Kirche. Es soll in der Kirche nach Römer 12,1 ein „vernünftiger Gottesdienst" gehalten werden. Entschieden wandte er sich gegen das zügellose Freiheitsverständnis der Täuferbewegung 1524–1528 und gegen das Treiben der Wiedertäufer in Münster / Westfalen ab 1535.

Durch seine neue biblisch-theologische Erkenntnis von Gott, Jesus Christus und dem Heiligen Geist und vor allem durch die Erkenntnis von Gottes Rechtfertigung als Gottes schenkender und zuteilender Barmherzigkeit gab er dem Menschen seine Würde im Glauben und seine Glaubenseigenverantwortung zurück. Durch Luther wurde der Glaubende in direkte Beziehung vor und zu Gott gestellt. Damit war die Mittlerfunktion der Kirche zwischen Gott und Mensch ausgeschaltet. Für Luther hatte die Kirche von nun an eine Dienstfunktion durch Predigt, Sakramentsverwaltung und Unterricht, um dem Menschen Gottes Barmherzigkeit in Jesus Christus zu zeigen und darzulegen.

Luthers biblisches Freiheitsverständnis eines Christenmenschen hat theologische, philosophische und auch gesellschaftspolitische Konsequenzen. Es ist nicht zu hoch gegriffen zu sagen, dass Luther mit seiner theologischen biblischen Erkenntnis ein Wegbereiter der Moderne in Kirche, Staat, Gesellschaft, Politik und Wissenschaft ist.

Literatur

Einleitung

(1) Beutel, Albrecht: Martin Luther. Eine Einführung in Leben, Werk und Wirkung, Leipzig 2006
Brecht, Martin: Martin Luther, 3 Bände, Stuttgart 1983 ff.
Bornkam, Heinrich: Thesen und Thesenanschlag Luthers, Geschehen und Bedeutung, Berlin 1962
Ebeling, Gerhard: Luther. Einführung in sein Denken. Tübingen 2006
Fausel, Heinrich: D. Martin Luther, Leben und Werk Bd. 11 und 12 der Calwer Lutherausgabe, Hamburg 1966
Friedenthal, Richard: Luther, Sein Leben und seine Zeit, München 1967
Katalog des Germanischen Nationalmuseums, Nürnberg 1983, Hg. Gerhard Bott
Lohse, Bernhard: Luthers Theologie in ihrer historischen Entwicklung und in ihrem systematischen Zusammenhang, 1990
Martin Luther und die Reformation in Deutschland. Ausstellung zum 500. Geburtstag Martin Luthers
Melanchton, Philipp: Historia de vita et actis reverendiss. viri D. Martini Lutheri, verae theologicae doctoris, 1546, CR 155–170
Oehmig, Stefan (Hg): 700 Jahre Wittenberg. Stadt, Universität, Reformation, Weimar 1995
Ott, Joachim und Treu, Martin: Luthers Thesenanschlag – Fakten oder Fiktion, Leipzig 2008

1. Buße und kirchliche Praxis

(1) Althaus, Paul d. J.: Die Theologie Martin Luthers, Gütersloh 1962
Fendt, Leonhard: Luthers Reformation der Beichte, Mitteilungen der Luther-Gesellschaft 1953, Heft 3
Rahner, Karl: Vergessene Weisheiten über das Bußsakrament, Schriften zur Theologie, 1955, II, S. 143–183
Schlink, Edmund: Theologie der lutherischen Bekenntnisschriften, München 1940, 1948
Schonherr, A.: Lutherische Privatbeichte, 1938

(2) WA Bd 6 (WA = Dr. Martin Luthers Werke, Kritische Gesamtausgabe, Weimar ([Weimarer Ausgabe], erscheint seit 1883 ff.)

(3) WA 1, 530

2. Ablass

(1) Denzinger, 989, 1471
Beringer, Franz: Die Ablässe, ihr Wesen und ihr Gebrauch. 1930

Koehler, Walter: Dokumente zum Ablassstreit. In: SQS (Sammlung ausgewählter kirchen- und dogmengeschichtlicher Quellenschriften) II, 3. 1934 2. Auflage

(2) WA 1, 15–147

3. Ablassinstruktion des Kardinals und Erzbischofs Albrecht von Mainz und Magdeburg
   (1) WA 51, 539

4. Dr. Martin Luthers Stellungnahme zur römischen Ablasspraxis
   (1) WA 51, 538
   (2) WA 1, 525
   (3) WA, a.a.0.
   (4) WA 1, 526
   (5) WA, a.a.0.
   (6) WA 54, 183f.
   (7) WA 54, 185f.
   (8) WA 54, 180

5. Dr. Martin Luthers Brief an Erzbischof Albrecht von Mainz vom 31.Oktober 1517
   (1) WA Br 1, 110ff.

6. 95 Thesen von 1517 in Latein und Deutsch
   (1) WA 1, 233ff.
   (2) WA 1, 52ff.

7. Von den guten Werken 1520: Luthers Ethik
   (1) WA 6, 204ff.
   (2) WA 6, 204
   (3) WA a.a.0.
   (4) WA 6, 205
   (5) WA a.a.0.
   (6) WA 6, 206
   (7) WA a.a.0
   (8) WA 6, 206
   (9) WA 6, 207
   (10) WA 6, 207
   (11) WA 6, 207
   (12) WA 6, 209
   (13) WA 6, 212

(14) WA 6, 214
(15 WA 6, 215
(16) WA 6, 216
(17) WA a.a.0
(18) WA 6, 217
(19) WA 6, 220
(20) WA 6, 222
(21) WA a.a.0.
(22) WA 6, 224
(23) WA 6, 226
(24) WA a.a.0.
(25) WA 6, 227
(26) WA 6, 229
(27) WA 6, 230/231
(28) WA 6, 232
(29) WA 6, 234
(30) WA 6, 242
(31) WA a.a.0.
(32) WA 6, 243
(33) WA 6, 244
(34) WA a.a.0
(35) WA 6, 246
(36) WA 6, 248
(37) WA 6, 250

8. Dr. Martin Luthers Urteil über die Wirkungsgeschichte der 95 Thesen:
   (1) WA 51, 539
   (2) WA 51, 539–545
   (3) WA 54, 182
   (4) WA 54, 184 ff.
   (5) WA 7, 544–604 Kirchenpostille von 1520 als Luthers exemplarische Predigtanleitung

9. Philipp Melanchthons Grabrede anlässlich der Beisetzung Dr. Martin Luthers in der Schlosskirche zu Wittenberg am 22. Februar 1546
   Melanchthon, Philipp: Oratio in funere Reverendi viri D. Martini Lutheri, Lipsiae 1546, abgedruckt in HuWR, 214–219 (Anlehnung der Übersetzung an: Melanchthon deutsch (Hrsg.) von Michael Beyer, Stefan Rhein, Günther Wartenberg, Leipzig 1997, Bd. 2, 156 ff.

10. Augsburger Bekenntnis – Aussagen zur Beichte, zur Buße und Vom Glauben und guten Werken
    (1) WA 6, 404ff.
    (2) WA 6, 497ff.
    (3) Die Bekenntnisschriften der Evang.-Luth. Kirche. Hrsg. im Gedenkjahr der Augsburgischen Konfession, Göttingen 1930
    Fragerberg, Holsten: Die Theologie der lutherischen Bekenntnisschriften von 1529 bis 1537, Göttingen 1965
    Jesse, Horst: Das Augsburger Bekenntnis, Glaubenszeugnis einer Kirche. Augsburg 1981
    Maurer, Wilhelm: Historischer Kommentar zur Confessio Augustana, 2 Bde, Gütersloh 1976 u. 1978
    Lohff, Wenzel u. Monhaupt, Lutz (Hrsg.): Volkskirche – Kirche der Zukunft? – Leitlinien der Augsburgischen Konfession für das Kirchenverständnis heute. Eine Studie des Theol. Ausschusses der Vereinigten Evangelisch-Lutherischen Kirche Deutschlands (VELKD), Hamburg 1977
    Evangelisches Gesangbuch, Ausgabe für die Evangelisch-Lutherischen Kirchen in Bayern und Thüringen, S. 1560
    (4) a.a.O., 1561
    (5) a.a.O., 1564–1576

Die angegebenen Bibelstellen sind gemäß der Bibel nach der Übersetzung Martin Luthers in der revidierten Fassung von 1984 bzw. gemäß der Gute Nachricht Bibel zitiert.
Die deutsche Fassung der 95 Thesen wird zitiert nach der Internetseite der Evangelischen Kirche in Deutschland http://www.ekd.de/glauben/95_thesen.html, gelesen am 25.01.2012.

Horst Jesse

ist Jahrgang 1941, promovierter Theologe und lebt in München. Ausgewählte Veröffentlichungen:
Leben und Wirken des Philipp Melanchthon, München, 2005; Friedrich Daniel Ernst Schleiermacher, Berlin, 2002; Der Kleine Katechismus von Dr. Martin Luther, Augsburg, 1982; Das Augsburger Bekenntnis, Augsburg, 1981.